Nera Luce

Esperienze di Premorte

Editing testo e correzione bozze: @Nera Luce

Impaginazione e grafica copertina: @Nera Luce

Loghi: @Nera Luce

@Edizioni Black Diamond, Prima edizione, Aprile 2021, Torino.

"Rimani e seducimi ancora, nei molti trapassi e guadi dell'anima mia, così che amarti divenga un respiro leggero, di cui inebriarmi feconda.

Rimani e mostrami, o Muta Sfinge, cosa è questa Creatura a me sconosciuta chiamata Vita, che a lungo e tremendamente mi si nascose"

Nera Luce

Indice

Dedico quest'Opera alla Morte, la cui riflessione ha accompagnato tutta

la

mia esistenza terrena in modo vertiginoso, imponente, viscerale.

In essa e con essa sono cresciuta in apici vibratori di diverso splendore,

mi sono smembrata in diversi cicli,

per poi raggiungere il luogo dove germoglia la Luce e la Vita

Introduzione

A cura di Ensitiv

La Conoscenza non comincia trovando le risposte ai grandi misteri dell'esistenza, ma ha inizio ogni qual volta, animati dall'irriverente desiderio di usare in modo autonomo la propria mente, ci poniamo delle domande.

Il dubbio, l'opposizione ai concetti preconfezionati, l'alternativa alle abitudini sociali e la messa in discussione delle tradizioni, sono il carburante migliore per alimentare la propria evoluzione individuale e quella di tutto il genere umano.

Accantonare le esperienze trascendentali nell'angolo della psicosi o nel cassetto delle allucinazioni è ormai un sistema obsoleto che non ha apportato nessun miglioramento allo studio di questi fenomeni e alla loro comprensione.

Un sistema facilitatore in cui si sono barricati pseudo scienziati, intransigenti cattolici e spesso inutili personaggi di una cultura al servo delle lobby economiche; un ricettacolo di palesata ignoranza volta alla ghettizzazione di persone che, in modo del tutto ovvio e naturale, hanno provato sulla loro pelle ed anima, un'esperienza trasformativa e costruttiva come quella delle NDE o OOBE.

"In questo panorama di boicottatori della Consapevolezza, per fortuna, nascono ogni giorno individui che vanno oltre l'opinione comune e si prodigano in una costante ricerca che oltrepassa i vincoli della materia e dei preconcetti"

Nera Luce, in questo testo, porta in superficie studi, teorie, esperienze senza esprimersi in personali giudizi o in superficiali condanne.

Lascia che sia il lettore, avendo a disposizione una migliore quantità di dati ed informazioni, a porsi domande, ad aver voglia di approfondire o, semplicemente, a rivalutare la propria opinione sulle NDE e su coloro che le hanno provate.

Un libro che raccoglie preziosi dettagli su fattori comuni, su elementi di congiunzione, su studi e ricerche che hanno vagliato ed analizzato innumerevoli casi.

La Morte spaventa ancora troppo perché si abbia la voglia di attivare un reale studio o di comprenderne i particolari messaggi che l'elemento energetico di un individuo (anima) affronta in questo particolare passaggio e trasformazione.

La Morte, è ancora oggi considerata l'elemento distruttivo dell'esistenza di una persona, quando invece, dovrebbe essere rivalutata come un normale processo di vita che porta alla realizzazione ultima del soggetto, al fine di migliorarne le proprie esperienze terrene.

Se fossero spese risorse per proseguire una costante ricerca sull'esperienza morte, avremmo già scoperto la possibilità di comunicare in modo continuativo con le dimensioni energetiche ed alleviare, così, il dolore e la disperazione di chi rimane su un piano separato dai propri cari.

"In questo libro, Nera Luce, grida ai lettori la necessità di aprire gli occhi su un fenomeno troppo comune per essere archiviato, troppo particolare perché venga trattato con superficialità, troppo bello ed unico perché sia nascosto sotto le coperte della vergogna"

Un grido che dovrebbe portare tante persone a raccontare delle loro percezioni, sensazioni e ogni esperienza che è andata oltre i vincoli del tempo e dello spazio e che, ancora oggi, viene liquidata con la formula "inspiegabile" o "paranormale".

La normalità, consiste anche nella libertà di poter vivere e parlare palesemente dei fenomeni che la nostra parte energetica affronta e vive quotidianamente per la naturale predisposizione che il genere umano ha di percepire ed entrare in frequenze vibrazionali diverse da quelle della materia.

Il cammino, per chi vuole comprendere, è fatto di un faticoso percorso di studio, approfondimenti, costante ricerca delle esperienze trascendentali e soprattutto un pulsante desiderio di scoprire e curiosare in tutto ciò che è celato ai nostri occhi.

Che questo testo sia un passo verso questo cammino con

Nera Luce

quale preziosa compagna del vostro viaggio….

Buona lettura, Ensitiv

Premessa dell'autore

L'ineluttabilità della morte è una consapevolezza che attraversa la vita di ogni individuo, e ogni individuo dovrà confrontarsi prima o poi, con la profonda riflessione sulla propria finitezza"

(Ernest Becker)

Non sembra esserci mistero più grande in ogni cultura e in ogni manifestazione storica della profonda realtà rappresentata dal trovarsi di fronte a un evento che incarna la radicale e totale negazione della propria identità.

Una riflessione ruvida, pregnante, vertiginosa, che è parte costituente della vita stessa fino al momento in cui nasciamo.

Osservando da lontano come la nostra attuale società va strutturandosi, è evidente come essa sia stata costruita al fine di allontanare il più possibile la morte dal quotidiano: nascondendo la morte si tenta di esorcizzarne il suo potere di annientamento.

La morte rappresenta forse la prima e l'ultima certezza ontologica dell'uomo, l'innegabile realtà costituente la vita stessa, talmente pervasiva e al tempo stesso inafferrabile, da aver suscitato l'abnorme e trasversale interesse da parte di moltissime discipline in ambito scientifico, religioso, metafisico e filosofico.

Se con l'affermazione della morte riteniamo in qualche modo di stare negando la vita, affermando la vita partoriamo in un certo senso la morte ed è proprio in questo che emerge l'ambiguità paradossale del suo statuto ontologico: nel suo non essere, la morte non può fare a meno che manifestarsi essendoci.

«L'uomo, al momento della morte, certamente diviene uno; ciò semplifica la sua vita, scarta ciò che è puramente accidentale e, in particolare, concentra e condensa il suo intero essere in modo che ciò che lascia dietro di sé o che passa agli altri sia il vero centro del suo essere, il nucleo della sua persona, l'atman, che non svanisce. Dunque la morte è l'atto supremo»

(Raimon Panikkar)

Questa paradossalità diventa ancor più evidente e ingestibile quando ci troviamo di fronte ai fenomeni delle esperienze pre-morte.

Nella sua antologia dei testi vedici, Panikkar esprime l'idea che un desiderio di vivere non accompagnato da un pari desiderio della morte non rappresenti un reale desiderio di vivere, ma sia piuttosto da considerarsi come il prodotto di un'immaginazione che tenta a tutti i costi di aggrapparsi a una vita illusoria.

La fenomenologia delle NDE[1] e le sue conseguenze riflettono in un certo senso i contenuti di questa affermazione, poiché nella maggior parte dei casi i sopravvissuti alla morte, dopo aver vissuto una NDE, attribuiscono nuovi significati rivelati alla propria vita, intraprendendo processi di rivisitazione della propria scala di valori, e vanno incontro a profonde e radicali trasformazioni della propria attitudine spirituale.

---

[1] NDE, acronimo di *Near Death Experience*: tradotto in italiano come "esperienze pre-morte".

La dottrina epicurea risolve il problema della morte in modo piuttosto semplice e l'affermazione risolutiva di Epicuro porta con sé implicazioni concettuali quasi opposte a quelle che sono presenti nel pensiero di Panikkar.

«Il più terribile dunque dei mali, la morte, non è nulla per noi, perché quando ci siamo noi non c'è la morte, quando c'è la morte noi non siamo più. Non è nulla dunque, né per i vivi né per i morti, perché per i vivi non c'è, e i morti non sono più»

(Epistola a Meneceo, 1970)

Non sembra tuttavia che le questioni inerenti la morte e il pre-morte possano essere banalizzabili e così facilmente risolvibili, e le NDE, inserite nella più ampia discussione sulla natura della morte e le sue implicazioni mediche, psicologiche, religiose e metafisiche, mostrano una costellazione fenomenologica di grande complessità e difficile indagabilità.

Come ricorda il filosofo Ceruti vi è un'irriducibile pluralità di punti di vista, linguaggi, modelli, temi, immagini che concorrono-cooperando, ma anche contraddicendosi, alla produzione delle conoscenze nello studio dei fenomeni complessi.

Una provocazione epistemologica da cui ci si ritrae quasi sospesi, tra certezze discrete e possibilità nuove. Le colonne della conoscenza che la scienza ha eretto nel corso della storia sono state spesso oggetto di falsificazioni progressive che hanno rappresentato proprio la premessa di base per procedere a un ampliamento successivo del corpus conoscenziale delle varie discipline.

La vittoria di una nuova verità scientifica raramente è stata ottenuta tramite la semplice negazione della sua plausibilità ed è piuttosto quando ciò che si oppone a questa stessa plausibilità non ha più senso di esistere, e quindi decade la sua forza oppositiva, che si assiste alla nascita di una nuova generazione di idee.

Alla domanda cosa sia reale, Arturo Reghini[2] replica:

"Intorno a questa concezione che identifica l'esistente col resistente vi sono molte cose da osservare; tra le altre debolmente questa: che non è tanto semplice parlare neppure di una esistenza oggettiva limitata al momento presente, perché il presente non è che un limite, un punto di separazione fuggevole ed astratto tra passato e futuro. La realtà materiale di un universo istantaneo non è una cosa molto persuasiva. Ne risulta che la realtà è un insieme più complesso che non l'insieme delle cose esistenti oggettivamente nel tempo; tempo e spazio sono misteriosi elementi della realtà e non viceversa"

(Arturo Reghini)

Egli, andando contro il senso comune di una realtà concepita come tangibile e spaziale, propone un'idea di uomo risvegliato, che superi l'illusiorietà intrinseca che i sensi umani contribuiscono ad alimentare, iniziando un percorso che lo conduca a "percepire" il mondo e il sé, tramite l'opposizione, in modo trascendentale o spirituale.

Questa considerazione ci porta al nostro tema di indagine,

in tutta la sua complessità e le sue implicazioni:

Le NDE *sono esperienze che possiamo considerare reali?*

Quali sono state le diverse ipotesi avanzate dai ricercatori per spiegare questo fenomeno?

---

[2] Arturo Reghini (Firenze, 1878-1946) matematico, filosofo ed esoterista italiano. Citazione tratta da "Il senso di Realtà".

I recenti progressi tecnologici e l'evolversi degli studi neuroscientifici, nell'interrogarsi sulla probabile origine delle esperienze pre-morte, hanno sottoposto alla ricerca diverse ipotesi relative ai correlati cerebrali implicati.

Esiti molto interessanti sono emersi dalle ricerche in ambito medico e neuroscientifico, che nell'ultimo trentennio hanno assistito a una crescita esponenziale di interesse da parte dei ricercatori, giungendo a fornire interpretazioni biologiche quasi per ogni aspetto tipico delle

NDE.

Ma la diatriba tra spiritualisti e scienziati rimane aperta, e di difficile soluzione. La natura stessa delle NDE, infatti, ci impone che ne sia fatto oggetto di studio e interesse multidisciplinare: medicina, psicologia, filosofia, religione e metafisica sono i principali ambiti in cui si colloca l'attuale riflessione e la ricerca sulle *Near-death experiences*.

Sarebbe infatti limitativo, oltre che in un certo senso utopistico, determinare a-prioristicamente se le NDE rappresentino un fenomeno solamente fisiologico o solamente metafisico.

La scienza può sostenere e fare evolvere la sua ricerca impeccabilmente, ma a un certo punto si scontrerà inevitabilmente con quel limite intrinseco, che qualifica l'esperienza della morte come una condizione in gran parte misteriosa le cui implicazioni metafisiche non possono essere risolte mai del tutto tramite il solo vaglio verificazionista.

Non si tratta tuttavia di un tentativo dialettico allo scopo di eludere potenziali e innovativi tentativi di analisi scientifica, ma piuttosto di una consapevolezza necessaria a ogni ricercatore che non voglia ricadere in dogmatismi di basso livello o riduzionismi di matrice materialistica. Da una parte, il fatto che la maggior parte delle informazioni circolanti sulle NDE provengano da fonti aneddotiche o episodi riportati trasversalmente da terzi va ad alimentare un circolo vizioso di atteggiamenti e opinioni che tendono a svalutarne la validità clinica e scientifica.

Dall'altra, il dominio del paradigma materialista-meccanicistico in ambito scientifico, ha contribuito a sminuire -quando non direttamente a negare- il profondo valore dei significati esistenziali, religiosi e metafisici di cui le esperienze pre-morte sono inevitabilmente portatrici.

La mancanza di un dialogo critico tra le discipline che si sono occupate del fenomeno NDE ha visto la nascita di un panorama alquanto poliedrico di teorie e modelli in ambiti diversi, che insieme possono offrirci una visione complessiva del fenomeno.

Se non sono mancati autori che hanno saputo validamente integrare relativi contributi provenienti da prospettive ritenute tradizionalmente incompatibili, più spesso il pregiudizio ha alimentato processi di frammentazione della conoscenza, offrendo solo prospettive parziali e perdendo di vista la complessità del fenomeno.

Da un certo punto di vista questa situazione è la trasposizione, in un ambito specifico, del secolare conflitto tra fede e scienza, che nel caso delle NDE assume i connotati di un'incompatibilità sostanziale tra prospettive metafisiche e prospettive materialiste.

Nella pratica clinica, questo schieramento teorico si traduce poi in un atteggiamento restio dei sopravvissuti a raccontare le loro esperienze per il timore di essere ritenuti dei folli.

"Alla fine dei giorni, la grandezza della conoscenza accumulata in secoli di teorizzazioni e ricerche dovrà confrontarsi inevitabilmente con il significato della condizione umana, e misurarsi con ciò che quella conoscenza ha significato per l'uomo nel suo complesso."

(Nera Luce)

Questa considerazione è importante poiché la ricerca del significato della vita e della morte è parte della natura stessa dell'uomo, qualunque sia l'approccio che si sceglie di utilizzare. Negare a priori che qualcosa possa avere realmente significato o vincolarne il valore ad aspetti parziali e riduzionistici pone innumerevoli limiti alla visione, oltre che rappresentare una squalifica motivata dal solo pregiudizio, di tutta quella profondità di vissuti ed esperienze di cui l'uomo è potenzialmente capace. Dove la conoscenza abbia rappresentato un limite per l'espressione delle idee, generando e alimentando visioni pregiudiziali piuttosto che dubbi e interesse, dove essa abbia vincolato la capacità realizzativa dell'uomo e del suo pensiero, piuttosto che aprirlo a una maggiore ampiezza di prospettive, essa ha tradito la sua stessa natura e il fine per cui è nata.

Se quindi non possiamo esimerci dal considerare il valore sostanziale ed epistemologico che le esperienze pre-morte possiedono in quanto eventi che avvengono nella coscienza dell'uomo, ciò di certo non significa escludere la grandissima utilità rappresentata dall'indagine scientificomedica delle cause cerebrali.

Ma se la deriva epistemologica di una teoria in una direzione, sia essa religiosa, metafisica o materialista, deve condurre alla negazione del valore di tutto ciò che non aderisce a essa, siamo di fronte a dogmi e la natura del dogma è l'assunto ontologico di indubitabilità.

"Se la morte è una certezza, se è forse il primo candidato dell'umanità adatto a tradursi in affermazioni dogmatiche, le esperienze pre-morte ne hanno messo in crisi il dogmatismo, creando innumerevoli aree di ambiguità, alimentando una molteplicità di dibattiti, ricerche e tentativi di spiegazione."

(Nera Luce)

Queste considerazioni fanno da cornice concettuale a quella che è stata l'impostazione strutturale adottata in quest'opera, che nasce come tesi specialistica universitaria, e di cui qui potrete leggere la versione integrale, senza le censure alla parte metafisico-religiosa che sono state richieste in sede accademica. Avete qui l'opera come originariamente pensata, voluta e scritta da Nera Luce.

La scelta di ripercorrere le principali prospettive interpretative adottate per spiegare le esperienze pre-morte risponde alla necessità di ricostruire una visione complessiva del fenomeno, restituendo così in tutta la sua ampiezza la dignità ontologica a un tema che è stato per lungo tempo oggetto di sistematico abuso da parte del pregiudizio.

Ritengo fondamentale il contributo che analizza tale fenomenologia con un approccio metafisico, al fine di evidenziare come la questione inerente la continuità della coscienza e le sovrapposizioni tra componenti fenomenologiche delle NDE ed esperienze mistico-religiose, vada intersecandosi con le spiegazioni di ordine materialistico in modo continuo ed armonico.

L'En to Pan delle tradizioni iniziatiche, si disvela qui in tutta la sua imponenza, richiamando a sé verso un'idea di unitarietà di tutti i fenomeni, e facendo riconvergere ogni considerazione nella direzione di un Monismo Vedico.

"Quella Realtà Una che per illusione appare modificata nel nome, forma e qualità, come l'oro con tutte le sue modificazioni, è Brahman, e Quello sei tu (tat-twam-asi); contempla ciò dentro di te."

(Sankara, VivekaCudamani, 291)

L'approccio di tipo multidisciplinare e la trasversalità ontologica, si sono rivelati strumenti necessari allo scopo di integrare le diverse prospettive dentro una visione unificante, inserendo, nella parte finale, le principali trasformazioni cui vanno incontro coloro che hanno vissuto una NDE.

"Recuperare una dimensione della consapevolezza che non vada negando alla coscienza la profondità di una riflessione e di una visione sugli assi fondanti della nostra esistenza; recuperare un'idea di noi stessi che si affacci sulla dimensione metafisica del primordiale, per utilizzare il veleno come un farmaco; impegnarci attivamente e con assoluta serietà, dentro la Conoscenza, in ogni sua espressione, senza pregiudizi, alla ricerca delle Chiavi"

(Nera Luce)

Questi sono alcuni dei motivi per cui, a mio parere, soprattutto nella cultura occidentale, è necessario indagare in modo approfondito, evitando sia le sensazionalizzazioni che le banalizzazioni, su quei fenomeni al Margine tra scienza e metafisica, così che anche la logica razionale possa avvalorare lo statuto ontologico di alcune fenomenologie liminali, ripercorrdone il significato in un modo ad essa comprensibile.

L'idea che ritorna e che ovunque presenzia, e quella che risuona maggiormente in quest'Opera, è quella di un'umanità protesa verso il Risveglio, nell'Era del Kali Yuga, che vada svestendosi progressivamente di alcune categorie mentali, per riappropriarsi della conoscenza autentica. Ciò che è assolutamente necessario in questa Era e in questa cultura, è permettere alle persone di usare gli strumenti della logica e dell'analisi, come base di partenza per il loro stesso superamento: poiché non possiamo aspettarci che una mente occidentale comprenda partendo da strumenti e parametri che non sono quelli con cui è abituata a pensare e interpretare la realtà.

Questo trattato quindi presenta in una veste molto tecnica e scientifica, un tema che necessita di una restituzione ontologica, poiché l'enorme frattura tra scienza e metafisica, tra analisi e mistica, deve essere ricomposta.

Il dualismo separatorio è solo un'illusione dentro il

Tutto è Uno

1. Che cosa sono le near-death experiences

1.1 Cenni storici

Le NDE non hanno avuto facile accesso alla credibilità pubblica a causa dell'influenza inibitoria esercitata, per moltissimo tempo, da un ambiente culturale e scientifico intenzionato a sminuirne e negarne la significatività.

Nonostante la presenza di innumerevoli testimonianze all'interno della popolazione dei sopravvissuti sia sempre stata molto elevata, esse sono rimaste poco studiate all'incirca fino alla metà degli anni Settanta.

Il clima instauratosi con l'era dell'Illuminismo e l'egemonia ottenuta successivamente dalla visione positivista, con la conseguente svalutazione di tutto ciò che non è dimostrabile in modo empirico, ha in un certo senso sommerso e messo al bando il fenomeno delle *near-death experiences*. Se ancora oggi, nel post-modernismo, alcuni pregiudizi permeano l'ambiente scientifico, possiamo immaginare quanto il clima positivista dell'epoca possa aver inibito e rallentato la crescita e la ricerca sul fenomeno delle esperienze pre-morte.

Il pregiudizio contribuisce ad alimentare un circolo vizioso di atteggiamenti e comportamenti, sia da parte dei clinici che all'interno del contesto familiare dei sopravvissuti: elementi che non aiutano i pazienti, nel processo di accettazione e integrazione delle esperienze NDE nella loro vita. È soltanto in epoca più recente che fanno la loro comparsa testi e articoli sulle NDE in ambito medico, psicologico o parapsicologico.

Il termine *"near-death experiences"* è stato coniato da Raymond Moody, con la pubblicazione della sua opera *La vita oltre la vita*.

In questo libro, attraverso l'analisi di una casistica di oltre cento persone che hanno avuto NDE, vengono individuati quindici elementi che ricorrono con frequenza durante questa esperienza. La tematica delle NDE ottiene, con la pubblicazione del libro di Moody, una notevole notorietà e rende celebre un argomento che fino a quel momento aveva ricevuto un'attenzione abbastanza limitata da parte sia del pubblico che della comunità scientifica.

Divenuto rapidamente un best-seller, il libro solleva il velo dell'ignoranza, e, nel fare questo, apre nuovi interrogativi e dibattiti sul fenomeno.

Il libro di Moody è in un certo senso il primo serio tentativo di descrizione fenomenologica delle esperienze pre-morte, secondo criteri rigorosi e obbiettivi: l'estesa casistica presa in considerazione e la sistematicità delle analisi fanno del lavoro pioneristico di questo autore un'opera di riferimento nel panorama della letteratura sulle esperienze pre-morte.

Appare chiaro il valore di questa ricerca se consideriamo che il testo nasce all'interno di un ambiente culturale dove la posizione dominante attribuiva al fenomeno NDE origini prevalentemente patologiche escludendolo a priori dalla possibilità di qualsiasi argomentazione scientifica, inserendolo *tout court* nel paranormale.

A partire dalla fine degli anni Settanta, dopo questo nuovo impulso alla letteratura sulle esperienze pre-morte, si moltiplicano gli studi: prima con la diffusione delle indagini retrospettive e successivamente con la comparsa di ricerche prospettiche che impiegano metodi di maggior rigore scientifico.

Nella letteratura sui casi di arresto cardiaco, che furono quelli dove la ricerca sulle NDE si concentrò maggiormente, spiccano per rigore metodologico e accuratezza descrittiva le ricerche di Van Lommel & Parnia, focalizzate sulle caratteristiche cliniche ed epidemiologiche delle NDE. Tutte queste interpretazioni, nonostante provengano dall'applicazione di metodi rigorosi di ricerca scientifica e nonostante la validità oggettiva dei risultati ottenuti, rimangono pur sempre di natura speculativa: valide ipotesi indiziarie che vanno nella direzione di una potenziale risposta definitiva, ma che contengono però al loro interno numerosi vincoli.

La relazione che intercorre tra mente e cervello, nonostante i grandi progressi neuroscientifici in tale direzione, non è ancora stata compresa completamente, e sono molte le domande aperte su come le alterazioni dei correlati celebrali possano indurre i *qualia* dell'esperienza soggettiva cosciente.

È necessaria un'ulteriore considerazione di valenza storica circa l'evoluzione che l'uso del termine "*near-death experiences*" ha avuto nel tempo: le implicazioni che derivano dagli usi terminologici riferiti ai concetti non sono infatti problemi secondari nell'ambito della ricerca. Allo stato attuale manca ancora univoco accordo sulla definizione di NDE in letteratura. Parliamo infatti genericamente di "*near-death experiences*" per riferirci a stati alterati di coscienza causati dalla presenza di condizioni critiche che minacciano la vita.

Parallelamente a questo problema, si pone l'ineludibile questione su come vada inteso il concetto di "stato alterato di coscienza" e fino a che punto si possa ritenere che le *near-death experiences* ne facciano parte.

Secondo Facco, ad esempio, non si tratterebbe soltanto di processi di alterazione della coscienza, dato che i soggetti che hanno avuto una NDE non solo in molti casi erano del tutto incoscienti, ma nei loro racconti mostrano di avere accesso a una lucidità straordinaria.

Nei decenni passati tutta una serie di esperienze tra cui ipnosi, meditazione, sogno ed esperienze pre-morte erano ritenuti "stati alterati di coscienza" e il concetto fu poi esteso fino a includere stati fisiologici e condizioni patologhe, tra cui deprivazione sensoriale, stati di trance, coma, sintomi psicotici.

Parlare di alterati stati di coscienza introduce infatti un *bias* linguistico, implicando conseguentemente concetti di disfunzionalità e deviazione rispetto a una soglia ritenuta normale, oltre la quale ricade tutto ciò che è patologico. Tuttavia, le modifiche della coscienza che si osservano durante le NDE non sono, fino a prova contraria, chiaramente disfunzionali o patologiche.

Facco propone di usare come termine alternativo "*attività non-ordinaria di coscienza*", ritenendo tale uso più adatto a descrivere il fenomeno delle *near-death experiences*.

Un ulteriore problema deriva dalla questione su come debba essere inteso il termine *"near"*, dal momento che si tratta di una temporanea modifica o sospensione delle ordinarie attività della coscienza, su cui vertono diverse possibilità interpretative.

Agrillo concorda con l'idea che il termine *"near"* vada inteso propriamente come il fare effettiva esperienza di un breve periodo di morte, piuttosto che essere "quasi morti".

In questo senso, possiamo considerare l'esperienza delle NDE come un'introduzione alla conoscenza dei processi iniziali cui va incontro la mente quando essa sta per cessare la sua attività, durante l'esperienza del morire.

Attualmente sono impiegati diversi criteri per la definizione dell'esatto momento della morte biologica e questo aggiunge ulteriori aree di indefinizione a una questione che già di suo è intrinsecamente complessa.

Il problema rappresentato dagli usi linguistici è noto alla storia della scienza per le imponenti implicazioni di cui si fa portatore: definire qualcosa con un nome è attribuirgli una valenza connotativa, oltre che denotarne una fenomenologia specifica.

Una questione culturale di grande risonanza, su cui molti si sono pronunciati, e che ancora oggi nel post-modernismo non ha ottenuto risoluzione.

La tendenza prevalente, nel Ventesimo secolo, dominato da una visione materialistica e riduzionistica dei fenomeni, è quella di voler trasmettere un'immagine patologica di tutti quei processi mentali di natura non ordinaria che si allontanano da una possibilità di comprensione e indagine empirica.

Questo atteggiamento continua ad alimentare il pregiudizio, limitando le possibilità della ricerca in quegli ambiti, come le NDE, che sono mai del tutto dimostrabili o che ricadono in aree di manifestazione che confinano con la metafisica.

Bruce Greyson, psichiatra e direttore della *Division of perceptual studies* della Virginia University, è attualmente considerato tra i principali esperti in materia di *near-death experiences*. La scala di Greyson è a oggi lo strumento di misurazione più validato e utilizzato dalla ricerca sulle NDE a livello internazionale.

Nell'ultimo decennio inoltre, un'ulteriore spinta alla validazione scientifica del fenomeno NDE proviene dalla proliferazione di ricerche in quest'ambito e dalla crescente attenzione ottenuta dalla comunità neuroscientifica.

Allo stato attuale è presente una società scientifica, nota come *International Association for neardeath studies* dove, sul «*Journal of near–death studies*», vengono pubblicati i risultati delle ricerche e gli articoli riguardanti le NDE.

1.2 Caratteristiche generali delle NDE

Le NDE sono un insieme ben organizzato di fenomeni ed esperienze, che molte persone nel mondo, indipendentemente dalla cultura di appartenenza, hanno descritto in modi simili, inducendo i ricercatori a ritenere che ci fossero molteplici aspetti fenomenologici in comune. Non si tratta di un fenomeno sporadico e casuale, ma di un evento significativo, denotato da una epidemiologia definita e caratteristiche cliniche specifiche, la cui presenza nella popolazione ha un'incidenza significativa.

Raymond Moody è il coniatore del termine «*near-death experience*», ed è il primo ricercatore a individuare e descrivere una serie ricorrente di 15 esperienze, emerse dall'analisi fenomenologica di un'estesa casistica di racconti, fatti da persone che hanno avuto un "incontro" con la morte.

La definizione data da Raymond Moody alle NDE è la seguente:

«*a profound spiritual events that happen, uninvited, to some individuals at the point of death*»[3] (Moody)

Numerose ricerche sulle NDE, avvenute nel trentennio che ha seguito la pubblicazione dello studio di Moody, hanno confermato la validità di questa descrizione.

Un'altra importante definizione proviene da Bruce Greyson, tra i massimi esperti sul tema NDE:

---

[3] Traduzione italiana: "*profondi fenomeni spirituali che accadono, non ricercati, ad alcune persone in punto di morte*"

«A profound subjective event with trascendental or mystical elements that many people experience on the threshold of death»[4]

(Greyson)

È di particolare rilevanza notare come, sia nella concettualizzazione che ne fa Moody, sia in quella di Greyson, le esperienze pre-morte sono caratterizzate tipicamente dalla vivida e suggestiva percezione che qualcosa di appartenente a un'altra dimensione, talora con toni mistici e trascendentali, si introduca nella coscienza quando l'individuo è molto vicino alla morte. Trattandosi sostanzialmente di esperienze vissute a livello intrapsichico, le principali investigazioni possibili rientrano nell'ambito fenomenologico–esistenziale: le uniche fonti di cui disponiamo provengono infatti da resoconti in prima persona fatti dai pazienti stessi dopo un'esperienza pre-morte.

Da questo punto di vista si evidenzia il potenziale limite incontrato dai tentativi di indagine strumentale, prevalentemente a causa delle circostanze eccezionali in cui spesso si verificano gli episodi di NDE, rendendo ardui i tentativi di effettuare con successo analisi funzionali.

Laddove sia stato possibile, tali indagini sono state utili per identificare i correlati cerebrali coinvolti nelle alterazioni di coscienza, anche se lo studio dei contenuti delle esperienze pre-morte rimane possibile primariamente grazie all'analisi fenomenologica dei resoconti di sopravvissuti. La maggior parte delle persone che hanno avuto una NDE la descrive come un'esperienza estremamente piacevole, anche se non manca la presenza di casistiche minoritarie che le riporta come spiacevoli, simili a incubi. Sono state inoltre riportate memorie di NDE esperite inizialmente come piacevoli, che hanno in seguito assunto ampie connotazioni negative.

Per quanto riguarda le NDE dal contenuto angosciante, non sembrano esserci differenze nella distribuzione in relazione a genere, orientamento sessuale, età anagrafica, livello socio-economico, tipo di educazione ricevuta e credenze spirituali precedenti.

---

[4] *Traduzione italiana: "Un profondo fenomeno soggettivo con elementi trascendentali o mistici di cui fanno esperienza molte persone in prossimità della morte"*

Da un'analisi dei contenuti ricorrenti, emergono tre categorie principali di esperienze:

- Esperienze che includono al loro interno gli stessi elementi che sono presenti nelle NDE piacevoli, ma che vengono interpretati dalla persona come spaventanti o spaventosi, accompagnati dalla sensazione di avere completamente perso il controllo degli avvenimenti in corso.

- Esperienze accompagnate da una vivida percezione di un senso opprimente di nonesistenza e dalla consapevolezza di essere completamente da soli in uno spazio vuoto e sconosciuto.

- Esperienze accompagnate dalla presenza di scenari e presenze angoscianti, come entità ostili di vario tipo, animali mostruosi o anche rumori percepiti come particolarmente fastidiosi se non addirittura terrificanti.

Come già anticipato in precedenza, tra gli aspetti trasformativi di maggiore rilevanza esistenziale e clinica che subentrano dopo le esperienze pre-morte, vi sono trasformazioni profonde e nucleari di personalità e carattere.

Cambiamenti significativi e stabilmente duraturi che permangono per tutta la restante vita dell'individuo, che avvengono indipendentemente dalla piacevolezza o spiacevolezza con cui l'esperienza NDE è stata vissuta.

Nonostante ciò, il fatto di avere avuto un'esperienza piacevole, piuttosto che spiacevole, sembra condurre, tra le conseguenze delle NDE, allo sviluppo di una maggiore riduzione della paura della morte, unitamente a una concomitante diminuzione dell'ansia nevrotica a essa legata. Specularmente, nei casi in cui siano state esperite come spaventose, le *near-death experiences* sembrano avere avuto un diverso impatto, intensificando la paura della morte piuttosto che ridurla.

A questo punto è doveroso aggiungere che nonostante siano stati descritti i suddetti casi di NDE spiacevoli, si tratta di una presenza piuttosto marginale all'interno della popolazione studiata e in generale si evince, dall'analisi complessiva della letteratura, che le NDE sono in prevalenza accompagnate da sentimenti non solo di semplice piacevolezza, ma di genuina e profonda beatitudine.

Si rileva che oltre ai cambiamenti dello spettro personologico e temperamentale, le credenze religiose e spirituali dell'individuo sono tra gli ambiti principali che subiscono un pervasivo cambiamento.

Questo argomento sarà trattato più esaustivamente in un capitolo a parte.

Fino a questo punto ci basti sapere che, nell'ambito delle credenze religiose e spirituali, la dimensione che subisce un ridimensionamento sostanziale maggiore è quella connessa alla credenza nell'aldilà: risulta aumentata, in coloro che hanno avuto una NDE, la certezza che esista la possibilità di una vita dopo la morte.

L'analisi delle casistiche reperibili nell'ambito della letteratura sulle NDE evidenzia tra i principali eventi patologici correlati:

- *Arresto cardiaco*
- *Poli-traumi e trauma cranico*
- *Stati di shock: anafilattico, emorragico, ipovolemico, settico*
- *Coma*
- *Principio di annegamento*
- *Tortura*
- *Sindrome "locked-in"* (LIS)

Sono inoltre stati riportati casi dove è presente una fenomenologia simile a quella riscontrata nelle NDE, in condizioni che non rappresentano una minaccia per la vita, con la presenza di consistenti alterazioni dell'assetto fisiologico o della coscienza:

- *Ipnosi*
- *Alterazioni indotte da uso di sostanze psicotrope*
- *Collasso*

- *Meditazione ed esperienze mistiche*

L'arresto cardiaco è, tra i possibili correlati, considerato la condizione d'eccellenza per studiare il fenomeno delle *near-death experiences*, sia per l'elevata incidenza di casi di pre-morte di questo genere, sia per le caratteristiche fisiologiche che il processo del morire assume in tale condizione critica.

Il medico e ricercatore Val Lommel, tra i maggiori esponenti degli studi di NDE in ambito cardiologico, parte dal prendere in considerazione l'assetto tipico del processo di morte durante un arresto cardiaco:

"Arresto circolatorio, seguito da rapida e progressiva riduzione dell'apporto di ossigeno al cervello, che conduce rapidamente al tracciato elettroencefalografico dell'ischemia cerebrale, risolvendosi in tempi rapidi nella morte del paziente"

(Van Lommel)

A partire da questa considerazione preliminare, notiamo come il criterio clinico per stabilire il momento della morte in questi casi oscilli all'interno un arco temporale che va da pochi secondi a una decina di minuti circa e come questo renda i casi di arresto cardiaco tra i migliori modelli di studio sui casi di *near-death experiences*.

Le prime ricerche sistematiche di Raymond Moody portano alla luce una collezione di 15 elementi ricorrenti nelle esperienze pre-morte.

1. Senso di ineffabilità
2. Ascoltare qualcuno annunciare la propria morte
3. Sensazione di pace
4. Udire suoni inusuali
5. Vedere un tunnel oscuro
6. Essere fuori dal corpo
7. Incontrare esseri spirituali

8.   Incontrare una luce brillante o esseri di luce

9.   Revisione panoramica della vita

10.   Un reame dove esiste tutta la conoscenza

11.   Città di luce

12.   Un reame di spiriti sconcertati

13.   Un salvataggio soprannaturale

14.   Presenza di un limite o un confine

15.   Rientrare nel corpo

Circa l'ineffabilità, essa fa riferimento al fatto che il soggetto, dopo avere avuto una NDE, trova difficile e complesso affrontare il compito di descrivere la sua esperienza, come se le parole del linguaggio ordinario a lui noto non fossero sufficienti a carpirne l'essenza o non si trovassero le parole adatte alla descrizione.

L'ascolto di una voce che parla, di origine non sovrannaturale, è attribuibile al fenomeno di udire, da incoscienti, le parole del personale sanitario che annuncia la morte del paziente. Sono inoltre stati riportati casi di percezioni di voci a carattere trascendentale, la cui origine viene spesso attribuita a entità di altri mondi.

Infine, il confine di cui parla Moody si riferisce alla presenza di una barriera che impedisce alla persona di proseguire il suo viaggio.

Non ci soffermiamo oltre su questo argomento, dal momento che a ognuno degli elementi tipici delle NDE sarà riservato un capitolo a parte, allo scopo di fornire un quadro complessivo che restituisca la complessità e la variabilità di queste esperienze.

Dopo questo primo e fondamentale tentativo di indagine e classificazione delle componenti ricorrenti nelle NDE, altri autori hanno cercato di sistematizzarne la ricerca, ottenendo risultati in buona parte sovrapponibili a quelli di Moody.

In uno studio di Greyson, che aveva come scopo di testare la validità della scala NDE su un campione di 76 sopravvissuti, sono state individuate tali serie di esperienze ricorrenti:

- Alterato senso del tempo

- Accelerazione del processo di pensiero

- Revisione panoramica della vita

- Senso di comprensione improvvisa

- Sensazione di pace

- Sensazione di gioia

- Osservazione dei colori

- Sensazione di unità con il cosmo

- Vedersi e sentirsi circondati dalla luce

- Vivide sensazioni di natura sovrannaturale

- Presunte percezioni extrasensoriali

- Presunte visioni pre-cognitive

- Sensazione di essere fuori dal corpo o avere perso la consapevolezza del corpo fisico

- Sensazione di essere in uno spazio ultraterreno

- Sensazione della presenza di entità mistiche

- Percepita presenza di spiriti di deceduti

- Presenza di un confine o di un punto di non ritorno

1.3. Prevalenza

Per quanto riguarda la prevalenza del fenomeno, le esperienze pre-morte interessano circa il 49% dei pazienti e, se vengono inclusi anche i pazienti in stato critico avanzato, questa percentuale sale fino al 23%.

Facco riferisce di un'incidenza non inferiore al 10-18% in pazienti che vertono in condizioni critiche.

Questi ultimi dati sono in accordo con i risultati di una ricerca da cui emerge la presenza dell'esperienza NDE in una percentuale che varia tra il 9 e il 18% dei casi di individui vicini alla morte.

Un altro risultato sulla prevalenza di esperienze pre-morte nella popolazione australiana di sopravvissuti evidenzia la presenza di NDE nell'8% dei casi.

Altri autori hanno studiato una popolazione di 673 individui di una comunità australiana rappresentativa, allo scopo di valutare la prevalenza di esperienze NDE, concludendo che, nel 53% dei casi di coloro che raccontavano di essersi trovati in condizione di salute a rischio per la loro vita, non è presente alcuna fenomenologia delle esperienze pre-morte.

Tra gli studi più noti, riportiamo inoltre i risultati di una ricerca condotta da Greyson negli USA, avente come scopo quello di valutare l'intensità delle NDE in una popolazione di pazienti di un'unità cardiaca, che ha impiegato come strumento di valutazione la Scala di Greyson.

Questo studio rivela che mediamente, nella popolazione oggetto d'indagine che ha avuto un'esperienza pre-morte, sono presenti punteggi molto elevati: questo risultato è stato interpretato in linea con la possibilità che la fenomenologia delle esperienze pre-morte, nei casi di arresto cardiaco, sia vissuta più intensamente rispetto a NDE che accorrono in altre condizioni critiche.

Volendo entrare più nello specifico, l'85% riporta sensazioni di pace e benessere, il 76% di gioia, il 70% esperienze di fuoriuscita dal proprio corpo, il 67% riporta un'alterazione nella percezione del tempo, il 63% ha avuto la vivida sensazione di trovarsi in un'altra dimensione o reame, e il 52% avverte la presenza di spiriti di morti o altre entità.

Da questi risultati si deduce che (nonostante i racconti di esperienze pre-morte possano trovarsi anche in altre condizioni che non rappresentano un immediato rischio per la propria vita) laddove la prossimità alla morte sia maggiore e le condizioni di salute siano molto critiche le NDE si verificano con maggiore frequenza e sono connotate da maggiore intensità di vissuto. Nonostante si tratti di uno studio effettuato su una popolazione molto specifica (ossia quella affetta da patologia cardiaca), l'ampiezza del campione scelto, i tentativi di repliche successivi eseguiti su analoga popolazione, la sistematicità e il metodo con cui le analisi sono state condotte, ci sembrano ottimi indicatori della validità delle conclusioni cui Greyson giunge.

L'incidenza maggiore di esperienze pre-morte tra i pazienti dell'unità cardiaca sembra un'ipotesi plausibile anche per una ragione squisitamente di ordine bio-medico, considerando che i circuiti neuronali del paziente che va in arresto cardiaco non hanno subito lesioni, e la causa della morte cerebrale è l'ipossia.

La presenza di lesioni cerebrali, ad esempio, nel caso in cui la minaccia di morte pervenga a seguito di trauma cranico o coma, può interferire con la capacità del paziente di ricordare i contenuti delle NDE, oltre che concausare una serie di alterazioni cerebrali specifiche di origine fisiologica.

Considerando tutto questo i ricercatori hanno ritenuto non solo che i casi di arresto cardiaco fossero i casi di studio migliore, ma anche che le NDE nei casi di arresto cardiaco fornissero casi esemplificativi più aderenti loro fenomenologia tipica.

Basandoci sui dati delle ricerche e attraverso l'analisi della letteratura disponibile, emerge che nonostante la maggior parte degli studi abbia enfatizzato la dimensione della piacevolezza come caratteristica predominante, ci sono stati anche autori che hanno riportato effetti ed esperienze spiacevoli associati alle esperienze pre-morte.

Ci sembra plausibile affermare che i pazienti cardiopatici presentano un'incidenza di esperienze pre-morte significativamente più alta rispetto ai pazienti che vertono in altre condizioni critiche di salute e che non hanno avuto un arresto cardiaco.

Rimane ancora aperta la questione relativa ai motivi per cui questa differenza tra popolazione affetta da patologia cardiaca e non è così spiccata.

Sono state fatte diverse ipotesi al riguardo: è possibile ad esempio che, dal momento che la popolazione affetta da patologia cardiaca è stata oggetto d'elezione negli studi sulle esperienze premorte, le statistiche risultanti, così come l'incidenza dei resoconti, in questi casi risultino sovrarappresentati.

La relazione con la morte prossimale e la significativa correlazione con un quadro di malattia ad alta criticità sono aspetti riportati da un numero molto elevato di pazienti nell'ambito della ricerca sulle NDE.

Consideriamo anche l'ulteriore limite per la ricerca rappresentato primariamente dalla difficoltà di verificare, nei casi in cui la prossimità con la morte dei pazienti non è di facile valutabilità, e in cui è stata evidenziata la presenza di esperienze pre-morte, quanto effettivamente vicini alla morte siano tali pazienti.

1.4 Aspetti culturali

Già nei testi e nelle storie tramandate oralmente presso Sumeri e classici greci troviamo numerosi riferimenti alle esperienze di prossimità alla morte.

 Molteplici sono gli studi cross-culturali nati allo scopo di esplorare lo spettro fenomenologico con cui le NDE si manifestano tra differenti culture.

Per quanto riguarda la letteratura contemporanea sulle NDE presso altre culture è doveroso ricordare tra gli studi principali: Murphy in Tailandia, la ricerca di Giovetti in Italia (1982), Pasricha in India (1993), Knoblauch, Schmied e Schnettler in Germania (2001), Parnia nel Regno Unito (2014), Sutherland in Australia (1990), Tassell-Matamua & Murray in Nuova Zelanda (2014).

Una ricerca sulle differenze cross-culturali di Kellhear & Irwin (1990) e Kellhear (1993, 1996) si è interessata all'influenza esercitata dalle credenze e dalla cultura di appartenenza sulla fenomenologia delle NDE, rilevando l'impatto che le rappresentazioni sociali e culturali hanno sulle successive descrizioni delle esperienze.

Basandoci sullo studio più recente di Kellehear (2009), un'analisi condotta presso popolazioni appartenenti a culture non occidentali, rivela come i racconti relativi alle esperienze pre-morte differiscano notevolmente rispetto ai resoconti di individui appartenenti alla cultura occidentale e come questa differenza appaia nello specifico correlata ad alcune specfiche caratteristiche fenomenologiche pre-morte.

In relazione all'esperienza del tunnel, ad esempio, gli studi effettuati presso popolazioni indiane e tibetane non mostrano la presenza di tale componente, anche se Blackmore, in un altro studio sulla popolazione indiana, perviene a risultati che contrastano con il precedente.

L'esperienza di fuoriuscita dal proprio corpo appare inoltre infrequente nelle NDE riportate da africani e aborigeni australiani.

Uno studio condotto da Gomez-Jeria, partendo dall'analisi delle credenze religiose più diffuse presso il popolo Machupe in Sud America, ha indagato la relativa influenza che le credenze sulla morte esercitano sul modo in cui sono descritte le NDE.

Presso il popolo Machupe è molto consolidata la fede nella continuità della vita dopo la morte del defunto: dopo il decesso la persona continua a vivere in un'altra dimensione all'interno di un corpo ospitante che possiede le stesse caratteristiche di quando era in vita.

Gomez-Jeria ipotizza che questa credenza connessa alla morte sia la causa dell'alta frequenza di riferimenti a un luogo chiamato "Vulcano" dove avvengono gli incontri con gli spiriti di deceduti durante i racconti delle visioni NDE.

Con Murphy, nell'analisi di una casistica di dieci NDE in Thailandia, viene raffinata ulteriormente la teoria delle differenze culturali, avanzando la possibilità che la determinante principale nella struttura fenomenologica delle esperienze pre-morte siano non tanto la cultura posseduta da un individuo, quanto piuttosto le sue personali aspettative circa che cosa è la morte.

Importanti variazioni culturali sono riportate anche presso la società melanesiana, dove numerose credenze di stregoneria, sincretizzatisi ai culti locali nel corso della storia, hanno creato la diffusa e pregnante credenza che la morte non avvenga per cause naturali, ma per l'intrusione di forze esterne, operante tramite i canali della magia nera o della fattuccheria.

Il risultato di questa convinzione, andando a fare una comparazione fenomenologica tra le esperienze pre-morte di Nord Americani ed Europei con quelle del popolo della Malanesia, è che nei primi lo scenario prevalente è connesso a sensazioni di bellezza e piacevolezza, mentre nei secondi le ambientazioni sono spesso città urbane, disordinate e caotiche.

Nei racconti di Thailandesi e Indiani, sono del tutto assenti visioni classiche contenenti scenari paradisiaci, mentre compaiono frequenti narrazioni di incontri con personaggi religiosi ed esperienze di karma e giudizio.

Dal confronto tra le esperienze pre-morte di occidentali e orientali, emerge una prevalenza maggiore di memorie connesse a *out-of-body experiences* (OBE) particolarmente evidente negli studi sulla popolazione cinese.

Una ricerca di Chandradasa et al. (2017) mette in rilievo che i pazienti appartenenti a religioni teiste (Cristianesimo, Islamismo e Induismo) riportano un numero significativamente più alto di NDE, quando comparati con pazienti di religioni non teiste.

Pronunciarsi in modo definitivo sulla stabilità cross-culturale delle esperienze NDE, nonostante l'accordo di molti autori circa la sostanziale continuità fenomenologica che esse manifestano, è pertanto ardua impresa, visto che in modo non sistematico gli studi evidenziano alcune peculiarità cultural-specifiche.

È infatti possibile che alcune componenti siano maggiormente vincolabili a spiegazioni connesse a una possibile influenza dell'ambiente culturale, così come che ci siano altri aspetti di natura universale.

Non bisogna inoltre sottovalutare l'enorme variazione di natura storica e fino a che punto la componente religiosa della cultura abbia impregnato lo specifico tessuto sociale delle popolazioni oggetto di studio: i livelli di coinvolgimento religioso di un popolo sono una variabile cruciale da prendere in considerazione.

Ci si domanda quanto quest'influenza esercitata dai diversi modelli culturali di appartenenza possa poi riflettersi sui diversi usi linguistici e sulla forma assunta dalla narrazione, se non addirittura a livello di schema rappresentazionale sovraordinato.

Un'ulteriore questione, messa in luce da queste evidenze, riguarda la necessità di stabilire quanto radicale e profondo sia l'impatto dell'influenza culturale, al fine di chiarire se si tratti solo di una differenza d'uso linguistico dei concetti o di una differenza che investe livelli rappresentazionali più profondi.

Nel 1975 Moody, riferendosi all'ineffabilità delle esperienze NDE, mette in luce la difficoltà che le persone incontrano nel descrivere qualcosa di così sconvolgente e fuori dall'ordinario, oltre che il limite intrinseco posseduto delle parole quando ci si trova a descrivere esperienze dotate di una tale profondità.

Data questa proprietà fondamentale dell'ineffabilità delle esperienze pre-morte, possiamo avanzare l'ipotesi che le differenze cross-culturali non siano tanto a livello di manifestazione fenomenologica, ma più verosimilmente emergano durante le descrizioni verbali a causa della forte influenza esercitata dalla disponibilità preferenziale di un dato modello culturale, all'interno della struttura rappresentazionale dominante.

È possibile anche che le aspettative che un individuo possiede circa la natura della morte e le sue credenze sull'aldilà, a loro volta inserite dentro il più ampio entroterra culturale di appartenenza, orientino la percezione in una direzione conforme a esse.

Su questa linea di pensiero Athappily, Greyson e Stevenson (2006), contestando l'opinione dominante di una sostanziale indipendenza culturale delle esperienze pre-morte, invocano i modelli culturali di appartenenza tra i principali fattori d'influenza.

Al contrario Paulson (1999) propone una teoria che, pur non escludendo a priori l'influenza dei fattori culturali, vi attribuisce la stessa importanza data agli aspetti psicologici e spirituali, ponendoli sostanzialmente allo stesso livello.

Non possiamo escludere alcuna delle ipotesi vagliate dalla ricerca in ambito cross-culturale, perché ognuna di loro possiede un'intrinseca validità, nonostante i divari interpretativi che manifestano.

La letteratura dedicata al tema delle NDE è di difficile interpretazione principalmente a causa della svariegata natura delle esemplificazioni e della casistica considerata, oltre che per la spesso ridotta ampiezza dei campioni di popolazione esaminati e della scarsità di studi in ambito cross-culturale. Aggiungiamo a queste considerazioni l'osservazione legata ai problemi che derivano dalla traduzione in inglese di testi in altre lingue, cui conseguono notevoli lacune nella trasposizione dei significati originali.

Il nostro scopo è quello di mostrare come gli studi sulle teorie delle differenze culturali si sono mossi e quali sono stati i risultati complessivi, per aprire, da questo, una riflessione sulle implicazioni epistemologiche che queste differenze portano alla luce.

Il vaglio complessivo dei risultati emersi ci insegna che, nonostante siano presenti caratteristiche nucleari profonde comuni a tutte le esperienze NDE, quando andiamo a interpretare i racconti che le persone fanno delle loro esperienze, le influenze culturali e la loro portata individuale devono essere prese necessariamente in considerazione.

2
Fenomenologia

2.1. Visioni del tunnel

Le visioni del tunnel sono uN elemento archetipale delle NDE. ESSO ci è stato tramandato fin dai primi resoconti di Moody (1975), e non ha mai cessato di esercitare il suo fascino catartico nell'immaginario collettivo, diventando in un certo senso l'elemento simbolo a cui spesso ci si riferisce quando si parla di esperienze pre-morte.

L'enfasi sul viaggio fuori dal proprio corpo, verso, oltre e attraverso un tunnel, oltre cui luoghi estatici e bellissimi attendono colui che è morto, tuttavia, dovrebbe però essere ridimensionata, soprattutto alla luce di quanto emerge dagli studi sull'argomento.

Se analizziamo la letteratura sulle casistiche di NDE, vediamo come si sia **data un'importanza eccessiva** a questa componente, che appare sovra rappresentata rispetto alla sua reale prevalenza. Lo stesso Greyson rimosse dagli item della scala NDE quelli relativi al tunnel, ritenendo che, rispetto ad altri elementi, essi non avessero un potere discriminativo abbastanza forte al fine di stabilire l'intensità dell'esperienza.

Le visioni di attraversamento di un tunnel vengono descritte in quasi il 30% dei casi studiati, ma non sono una costante assoluta.

La struttura fenomenologica di questa esperienza si differenzia principalmente sulla base della presenza o dell'assenza di una luce alla fine del tunnel o tutt'intorno, anche se è più frequente che venga descritta come un passaggio luminoso.

Sono inoltre frequentemente riportati spostamenti che avvengono velocemente e diverse velocità di attraversamento del tunnel.

Le ricerche cross-culturali rivelano chiaramente come tutta una serie di elementi trascendentali tipicamente presenti nelle descrizioni NDE fatte da popolazioni occidentali (tra cui la visione del tunnel), siano assenti nei reports di individui appartenenti alla cultura indiana.

Al contrario, Blackmore (1993), da uno studio sulla popolazione indiana, individua la presenza di resoconti di tunnel, spazi oscuri e spazi intensamente luminosi, in buona parte sovrapponibili a quanto evidenziato da Moody.

Per quanto riguarda le spiegazioni neuroscientifiche, un'ipotesi molto diffusa individua nell'ischemia retinica, che si manifesta quando l'apporto di ossigeno e il sangue all'occhio vengono a mancare, una possibile spiegazione.

A livello della corteccia visiva le informazioni sono infatti processate dalle cellule in modo separato per le aree periferiche e quelle foveali, e un'eccitazione particolarmente intensa di queste zone recettoriali può dar luogo alla percezione di una luce centrale brillante, circondata da un alone scuro, vale a dire come spesso sono descritte le visioni del tunnel nelle NDE.

Alcuni piloti della G-force riportano di avere avuto esperienze simili a quelle di vedere un tunnel, della durata di 5-8 secondi, a seguito di un episodio noto come *sincope ipotensiva*, causato dall'eccessiva accelerazione cui sono sottoposti durante le esperienze di volo.

È possibile quindi ipotizzare che disordini visivi possano essere all'origine dell'esperienza di vedere un tunnel, anche se non possiamo escludere che la compresenza di altre cause, di origine non fisiologica, possano generarla.

Facco fa notare come il fatto che la fenomenologia del tunnel sia soggetta a così tante variazioni descrittive, riduca la plausibilità dell'ipotesi neuroscientifica, secondo cui la visione del tunnel avrebbe origine dall'alterazione di meccanismi sinaptici a livello retinico.

Egli presenta inoltre, sia pur non del tutto escludendo a priori la teoria del restringimento visivo, due acute considerazioni in merito:

1.   Il restringimento del campo visivo dovuto alle alterazioni circolatorie, se fosse l'unico meccanismo periferico coinvolto, dovrebbe dar luogo a una minore variabilità fenomenologica di esperienze di attraversamento del tunnel, mentre noi sappiamo, dalla letteratura sulle NDE, che tali esperienze sono tutt'altro che monomorfe.

2.   Nelle unità cardiache, durante il processo di morte, è la corteccia cerebrale quella che per prima interrompe il suo funzionamento e solo successivamente abbiamo la cessazione della funzionalità retinica. È molto più plausibile quindi che la causa, se di origine neurochimica, vada ricercata in alterazioni più profonde e con sede centrale, cioè a livello cerebrale, e solo in termini aggiuntivi venga postulato un contributo da parte di eventi periferici retinici.

3.   Nei racconti di NDE emerge frequentemente la descrizione di una dimensione metafisica pervasa da una luce mistica, dopo il viaggio attraverso il tunnel.

L'ipotesi del restringimento retinico quindi, anche se può essere invocata tra le possibili spiegazioni per la visione del tunnel, non è comunque sufficientemente solida per spiegare le visioni successive di tale spazio luminoso.

2.2 Luci e incontri

Le esperienze pre-morte sono spesso caratterizzate, come già anticipato nel capitolo precedente, dalla percezione di muoversi dentro o attraverso un tunnel allo scopo di andare verso un altro spazio inondato di luce.

Tale mondo è spesso descritto come impregnato dalla viva presenza di una luce entro cui si è completamente immersi, abitato da esseri di luce e altre entità.

È nota l'elevata frequenza, nei resoconti, della presenza di questo spettro luminoso, molto vivo e intenso, anche se non del tutto abbagliante, prevalentemente di colore bianco e talvolta anche riccamente colorato.

In relazione a tale percezione, alcuni autori hanno individuato delle differenze culturali tra il modo in cui sono percepite le luci dagli euro-americani e le popolazioni tibetane: i primi riportano con maggiore frequenza luci brillanti di colore dorato e i secondi luci più chiare. Oltrepassato il tunnel, questa luce permea uno spazio spesso abitato da esseri di luce, e la sensazione che accompagna l'essere immersi in questa luminescenza è di unna profonda e pervasiva beatitudine, descritta con toni trascendentali e mistici.

Spesso viene riportato un senso di fusione spirituale con questa luce, che rappresenta il culmine ineffabile dell'estasi mistica provata.

Da un'analisi delle casistiche reperibili in letteratura, emergono poi alcune caratteristiche ricorrenti possedute dalle entità e dagli spiriti che si incontrano in questo spazio "metafisico". Anche se in alcuni casi si tratta di figure connesse al proprio background culturale e religioso, come figure religiose o personaggi famosi della storia, è più frequente un riferimento generico a "esseri superiori" avvertiti come diffusamente presenti, anche se non in un luogo specifico e di cui la persona percepisce chiaramente la presenza costante.

Nel 32% dei casi vengono descritti incontri con spiriti di persone non più in vita, generalmente amici o parenti, o comunque persone con cui l'individuo ritiene di avere avuto un legame profondo mentre era vivo.

L'incontro con queste entità o spiriti è spesso descritta come preceduta dalla comparsa di una sfera di energia luminosa che muta progressivamente l'aspetto strutturale fino a trasformarsi nell'immagine dell'amico o del parente.

Uno studio qualitativo di Wilde e Murray (2009) ha analizzato i casi di quattro donne, di cui in questa sede ne citeremo solo uno, in virtù della sua maggiore attinenza con il tema del paragrafo: il resoconto che Jane, ragazza di 20 anni operata allo stomaco, fa della sua esperienza.

"Jane individua il momento in cui avviene la sua NDE, all'incirca verso il volgersi finale dell'intervento chirurgico: una sorta di caduta dentro uno spazio oscuro, che termina con il ritrovarsi in un globo di luce.
Durante questo viaggio ode un canto, che si ricorda di avere già sentito durante un'operazione avvenuta all'età di 10 anni, e vede degli esseri disincarnati che vanno verso di lei, con atteggiamento gentile e rassicuratorio, i quali le spiegano che nella sua vita risentirà ancora una volta tale canto"

(Facco)

In riferimento all'esperienza di fusione con la luce, possiamo chiaramente rilevare come il risveglio spirituale che segue le esperienze NDE sia profondamente e inscindibilmente connesso alla presenza di questa componente luminosa, la cui enorme rilevanza va al di là delle attribuzioni specifiche di appartenenza.

Molti di coloro che sono ritornati in vita la descrivono come qualcosa di indefinito e dalla natura trascendentale, senza specificarne l'identità.

Dai resoconti forniti, l'immersione e la succesiva simbiosi animica con questa luce è come se emergesse dal profondo, stabilendosi così una connessione con qualcosa di universale e stupendo: un'ineffabile fusione tra l'individualità della persona e un piano di esistenza divino, senza specifiche connotazioni religiose.

La rappresentazione delle aure delle persone defunte o degli spiriti in termini energetici è difficilmente spiegabile, oltre che poco coerente con le normali attribuzioni che il senso comune convenzionalmente fa dell'energia vitale degli individui.

Possiamo rinvenire tracce di queste modalità rappresentative nelle culture sciamaniche dell'America Latina.[5]

Vengono inoltre riportate forme di comunicazione che avvengono con questi "esseri", generalmente attraverso forme di trasmissione delle informazioni di natura pre-discorsiva, a livello ontico.

Basandoci sull'analisi dei racconti di questi incontri, comprendiamo come attraverso l'instaurarsi di tale connessioni tutte le comunicazioni vengano canalizzate all'interno di un'immediatezza sincronica non verbale, molto similmente alla fenomenologia telepatica o alla natura della rivelazione mistica.

Non di rado dopo che questi scambi conversazionali sono avvenuti, la persona sente di avere acquisito nuove forme di consapevolezza, e anche di conoscere lo svolgimento di eventi futuri, riguardanti la propria e l'altrui vita, di cui non era a conoscenza in precedenza.

Il caso n. 18, riportato da Facco, può servirci da esempio:

«La voce allora mi chiede "Perché vuoi tornare indietro, non stai bene qui?" e io gli rispondo "Sì, sto bene qui, ma voglio tornare indietro perché non ho finito di fare quello che dovevo fare". "Sei sicura di ciò che chiedi?". "Sì". "Va bene, puoi tornare indietro, ma a una sola condizione: che tu dica sempre, comunque e a chiunque, che la vita è un dono meraviglioso"»

(Jane)

Nell'indagare la prevalenza di visioni e sogni in fase pre-mortale, Kerr (2013) rileva una presenza nell'87%, vale a dire circa il doppio di quella che già Kellhear et al. (2011) avevano segnalato. Nel 72% tali visioni riguardano l'incontro con parenti deceduti o persone affettivamente rilevanti, che in molti casi si offrono di essere d'aiuto alla persona nel guidarla altrove.

---

[5] Per chi fosse interessato ad approfondire consiglio i testi di Carlos Castaneda.

La caratteristica peculiare di questa ricerca è che, a differenza della maggior parte degli altri studi che hanno indagato la prevalenza delle caratteristiche di visioni durante le esperienze pre-morte, non vi sono stati resoconti con contenuti a sfondo strettamente religioso: vi sono invece numerose componenti di natura esistenziale e metafisica.

Per moltissimo tempo, all'interno del paradigma bio-medico dominante, si è ritenuto che tali visioni fossero simili ai fenomeni allucinatori che si verificano in condizioni di patologia mentale, o fossero da ritenersi sintomi di una malattia mentale temporanea, innescata dall'alterazione della coscienza.

La somiglianza che tali fenomeni avevano con molti episodi allucinatori causati dall'uso di sostanze psicotrope ha inoltre alimentato un'innumerevole mole di studi che hanno indagato i principali effetti derivanti dall'assunzione di droghe, comparandole con le proprietà fenomenologiche delle visioni nelle esperienze pre-morte.

Questo tipo di approccio ha però lo svantaggio di far perdere di vista ciò che è davvero significativo delle esperienze NDE, ossia l'impatto trasformativo che esse hanno sulla vita delle persone, e il profondo significato che assumono per chi ne fa esperienza.

Nel caso sopracitato di Jane, l'esperienza del globo di luce sposta la prevalenza dei suoi interessi in una direzione non materialistica, inducendola a interessarsi di religione e filosofia, ma sono descritti molti altri casi (come vedremo più accuratamente nel capitolo dedicato) di persone che hanno iniziato significative riflessioni sul significato spirituale dell'esistenza, dopo l'esperienza di fusione con la luce.

Facco rileva come la fenomenologia delle allucinazioni, sia nei casi neurologici sia in seguito ad abuso di sostanze, sia molto diversa da quella che riscontriamo nei resoconti di NDE.

La più eclatante differenza in questo senso è la grande lucidità con cui vengono rievocate le memorie, l'organizzazione coerente e strutturata dei racconti, oltre che la vividezza delle immagini e il senso di realtà eidetico che caratterizza tali esperienze.

Nei disturbi mentali i fenomeni allucinatori sono tipicamente presenti durante lo stato di veglia, raramente si riscontra la loro presenza negli stati confusivi enon si verificano mai durante il sonno.

«*La strada della consapevolezza (l'apertura delle porte della percezione, come direbbe Huxley), è già tracciata nel cervello e pronta per essere percorsa dalla mente, anche se trovare l'entrata del sentiero è tutt'altro che facile*»

(Facco)

Da non dimenticare assolutamente è inoltre l'importanza che le visioni hanno nella cultura religioso-esoterica di molte popolazioni, dove sono impiegate come mezzo per scopi terapeutici e per la crescita spirituale.

Prima di ridurre la componente della luce e degli incontri con entità alla mera attività di comunicazione tra sinapsi, dobbiamo considerare non solo la rilevanza esistenziale e spirituale che questa componente delle NDE possiede, ma riflettere anche sulla complessa relazione che intercorre tra esperienze mistiche, funzioni cerebrali ed esperienze pre-morte.

2.3 Le visioni del futuro

Questa componente delle NDE è probabilmente la meno verosimile e quella che presenta maggiori difficoltà di inquadramento e interpretazione.

Ciononostante, in molte casistiche, i resoconti che sono stati fatti di eventi, sia personali sia planetari, poi realmente verificatesi, sollevano molteplici questioni riguardanti la natura della coscienza e del tempo, i limiti della sondabilità scientifica dei correlati cerebrali connessi ad alcuni fenomeni, e le potenzialità della mente.

Il caso di Gustav Jung ne è un esempio eclatante. Jung riferisce di avere avuto una visione del suo medico che ne annuncia la morte prossima ed è frustrato dal fatto di non avere avuto la sufficiente credibilità presso di lui, morto effettivamente poco dopo.

«Infatti, fui il suo ultimo paziente; il 4 aprile 1944 mi fu consentito di stare seduto sull'orlo del mio letto per la prima volta dall'inizio della malattia: nello stesso giorno il medico si mise a letto, e non si alzò più. Sentii dire che aveva avuto degli attacchi intermittenti di febbre, e dopo poco morì di setticemia. Era un bravo medico: c'era in lui qualcosa di geniale. Altrimenti non mi sarebbe apparso come il re di Coo»

(Jung)

In molti casi, le conversazioni che le persone riferiscono di avere intrattenuto con le entità disincarnate forniscono informazioni circa il modo in cui dovranno operare nel loro futuro, sia direttamente, attraverso frasi verbalmente esplicite, sia attraverso comunicazioni di natura interiore, sotto forma di rivelazioni.

Queste comunicazioni determinano spesso un aumento esponenziale della consapevolezza di tali individui, che si traduce in profondi cambiamenti totali nelle scelte di vita.

Il caso di Jane è, dei quattro analizzati nello studio di Wilde & Murray (2009), il più rappresentativo da questo punto di vista.

L'esperienza di Jane e le comunicazioni che riceve durante la sua permanenza presso il globo di luce stabiliscono un nuovo ordine di priorità all'interno della sua consapevolezza esistenziale.

«Ho iniziato a pensare [...] in particolare al fatto che le relazioni con i miei genitori erano così cattive e di come io non fossi stata una figlia abbastanza buona. Non ho preso la strada che mia madre avrebbe voluto per me e mi sentivo davvero male a causa di tutte le cose orribili che ho detto, sai, come un'adolescente fa solitamente [...] e poi una voce disse [...] "non essere troppo dura con te stessa". È stata una frase molto potente»

(Jane)

Dopo questa esperienza, Jane, profondamente colpita dalla sentenza divina che ritiene di avere ricevuto, inizierà a guardare alla relazione con gli altri in modo più profondo e significativo, rivalutando aspetti della vita a cui non aveva attribuito importanza prima della NDE.

Gli eclatanti casi riguardanti persone che hanno visto l'attentato al giudice Falcone o la caduta delle Torri Gemelle, sono alquanto discutibili, dal momento che, anche la narrazione stessa che ne viene fatta, assomiglia molto più a un resoconto che a un'ineffabile esperienza personale.

Vale comunque la pena riportarli:

«Durante queste esperienze extracorporee ho fatto diversi viaggi, e ho vissuto eventi storici in prima persona, alcuni dei quali dovevano ancora avvenire. In uno di questi viaggi ho visto la scena della morte del giudice Falcone, ma non come la vede uno spettatore: ero là, la stavo vivendo. In un altro di questi viaggi ho rivissuto alcune scene della guerra in Iraq, con la stessa prospettiva di un pilota di aereo. Ho visto anche la caduta delle Torri Gemelle, che successivamente ho dipinto in un mio quadro del 1990, in cui si vede chiaramente il moncone di muro rimasto in piedi...»

(Facco)

In aggiunta a queste casistiche, troviamo anche resoconti di pazienti che hanno visto la loro futura casa o la loro futura compagna di vita e avuto visioni di persone che hanno poi incontrato davvero nella realtà.

Dopo questa breve rassegna di casistiche relative a fenomeni di visioni del futuro, terminiamo con due considerazioni.

- Sogni e visioni del futuro, in molte culture sciamaniche, sono ritenuti importanti indicatori del profitto con cui l'iniziato o il praticante si è messo in contatto con alleati o altre entità e sono considerati fatti reali a tutti gli effetti.

- Visioni del futuro, Visioni mistiche e possesso di abilità di preveggenza, in numerosi culti e religioni, hanno un valore quasi assoluto. Il loro significato non si limita a prendere in considerazione il fenomeno in sè stesso, ma si amalgama al senso stesso che la vita possiede.

"Dove la scienza ha messo in dubbio il possibile valore di queste conoscenze, relegandole tout court a superstizione o follia, sostenendo una formazione culturale ispirata ai valori materialistici e meccanicistici, qualcosa di molto importante è stato tolto alla possibilità evolutiva dell'uomo: l'accesso ad una natura della conoscenza che gli avrebbe rivelato l'autentico volto della Vita e della Realtà"

(*Nera Luce*)

Dal lato opposto, sul fronte scientifico, tali fenomeni potrebbero essere spiegati riferendosi:

- alla fisiopatologia del *de ja vu*, che genererebbe la falsa impressione che gli eventi siano già accaduti o, come in questo caso, siano stati già visti e tale visione sarebbe erroneamente attribuita ai ricordi delle esperienze pre-morte solo in un momento successivo.

- alla difettosa rielaborazione delle memorie nel tempo, che attraverso le successive rivisitazioni del ricordo e la traduzione in forma linguistica, subirebbero una distorsione mnestica.

- a cause psichiatriche o neuropatologiche.

Volendo stabilire se tali visioni siano artefatti della mente, epifenomeni cerebrali, causati o meno da disordini cerebrali o stati alterati di coscienza, oppure vere e proprie profezie auto- avverantesi o poteri della mente, si comprende come le due spiegazioni non debbano necessariamente escludersi a vicenda e come non vi possano essere al momento verità definitivamente dimostrate.

2.4 Il ritorno dentro il corpo

Il rientro della coscienza dentro il corpo è generalmente la parte dell'esperienza NDE descritta come maggiormente spiacevole, contraddistinta dalla percezione fisica di un aumento nella propriocezione di pesantezza.

Considerando che il risveglio è generalmente accompagnato dal ritorno entro un corpo che, in molti casi, è sofferente, la profonda differenza tra lo stato di assoluto benessere durante la NDE e il malessere del rientro rappresenta spesso una condizione indesiderata: nei casi più estremi alcune persone, risvegliatesi dopo un attacco cardiaco, hanno espresso veementi critiche verso i rianimatori che li avevano salvati.

Anche se non mancano i casi di NDE vissuti in modo angosciante, la maggioranza delle casistiche riporta sensazioni di intenso benessere.

In numerose testimonianze sono riportate percezioni intensificate sia dello spettro emozionale, sia della percezione visiva: colori descritti come molto brillanti, dotati di un'intensità mai vista sulla terra e con gamme espressive più ampie.

Il ritorno al corpo fisico, quindi, è il ritorno non solo a un corpo profondamente dolente ed offeso, ma anche il ritorno in un mondo pesante, materiale, scolorito, scolorito.

Ciò che l'individuo sente di aver perso, tornando a rispondere alla legge di gravità, è una sorta di libertà disincarnata, che il corpo, con il suo peso emergente, gli ricorda drammaticamente di aver lasciato.

Gustav Jung parla di questa esperienza di "*ritorno*" in questi termini:

«La vita e il mondo intero mi apparivano come una prigione, e mi irritava oltre misura di dover ancora trovare tutto ciò perfettamente normale. Ero stato così contento di disfarmi di tutto, e ora era di nuovo come se io – e così

tutti gli altri uomini – fossi sospeso a un filo, dentro una cassetta. Quando mi libravo nello spazio, ero senza peso, e non c'era nulla che mi tormentasse: ora tutto ciò doveva appartenere al passato»

(Jung)

Non è inoltre infrequente, dopo aver chiesto a una persona che ha avuto una NDE, come si sentiva durante l'esperienza NDE, avere in risposta che da morto si sentiva molto più vivo di quanto si fosse mai sentito in tutta la sua vita.

Ci sono tuttavia casi di persone che dichiarano di avere scelto intenzionalmente di tornare nel loro corpo, anche se invitati dalle entità dello spazio metafisico a rimanere presso di loro, perché avevano alcuni compiti da portare a termine, anche se questa considerazione non preclude il fatto che la sensazione del rientro sia stata comunque percepita, a livello fisico, come spiacevole.

Una sana e non pregudiziale riflessione sul fare esperienza della morte, che abbia come premesse evidenze e resoconti di questo genere, può forse condurci a una revisione totale delle nostre aspettative e credenze sulla natura della realtà e della coscienza?

2.5 Revisione panoramica della vita

Questa componente fa parte della lista di caratteristiche che già Moody aveva individuato tra gli elementi ricorrenti nelle esperienze NDE, ma questo fenomeno può manifestarsi anche in circostanze diverse da quello di un'esperienza pre-morte e in modo indipendente dalle altre componenti.

Da un'analisi della letteratura, esso sembra presentarsi con più frequenza a seguito di annegamenti, incidenti stradali e anche episodi di cadute in montagna.

Durante la revisione panoramica della propria vita, a essere rievocati non sono episodi che la persona ritiene essere stati fondamentali o altamente significativi, come ci si potrebbe aspettare, ma paradossalmente memorie di eventi appartenuti alla propria quotidianità, spesso banali o ritenuti poco rilevanti: episodi archiviati, che ricompaiono durante l'esperienza pre-morte tutti insieme, in una prospettiva a-temporale, e in modo eidetico.

Le persone che hanno avuto una revisione panoramica della propria vita la descrivono spesso come lo scorrere di un film nella propria mente, che avviene velocissimo, in un lampo, accompagnato dalla sensazione di stare rivivendolo eideticamente nell'esatto momento in cui esso riemerge alla memoria.

La rivisitazione di tali ricordi è solitamente accompagnata anche da modificazioni dell'assetto neurovegetativo dell'organismo, soprattutto quando tali memorie, come accade frequentemente nell'ipnosi regressiva, sono rievocate in modo intenso.

2.6 Out-of-body experiences (OBE)

Il concetto di OBE si riferisce al fare esperienza di una vivida sensazione di uscita dal proprio corpo fisico, in alcuni casi accompagnata dalla percezione del vedersi fluttuare al di sopra di esso. Il processo di separazione dal proprio corpo è spesso accompagnato da un suono sibilante e soltanto in casi rari sono state riscontrate sensazioni di formicolio in tutto il corpo.

La sensazione di essere staccati dal proprio abitacolo corporeo è talmente reale e intensa, che alcuni pazienti sono arrivati a definirlo come *un guscio vuoto*, luogo non più abitato, cui tuttavia si riconosce ancora la capacità di essere agito e di interagire a sua volta con il mondo materiale. Durante tale visione extracorporea, il corpo viene percepito con qualità diverse da quelle che possiede ordinariamente, in modo più rarefatto, a volte come traslucido e composto di energia; alcune volte esso mantiene la stessa forma fisica che aveva nella realtà materiale, in altre assume forma ovoidale o sferica.

Durante questa esperienza di disincarnazione della coscienza, molti pazienti raccontano di essere stati in grado di spostarsi all'interno della stanza dove si trovava il loro corpo incosciente, usando il loro altro temporaneo corpo immateriale, e rilevando durante tali spostamenti una lieve resistenza nel passare attraverso gli oggetti solidi.

Il ritorno dentro il proprio corpo fisico è generalmente descritto come un processo progressivo e lento e può avvenire in modi diversi: un tornare indietro, un ricadere all'indietro nel tunnel o anche semplicemente un risvegliarsi nuovamente dentro il proprio corpo.

Con il riappropriarsi della corporeità, la visione di sé dalla prospettiva extrapersonale viene sostituita nuovamente da quella personale, e la coscienza, rientrata a far parte del corpo, torna a rivolgere la sua attenzione all'interno dell'organismo.

Dai resoconti di esperienze OBE possiamo notare come le memorie di questi episodi siano di una lucidità sorprendente, inaspettata e, a differenza di quanto accade alle normali tracce mnestiche degli eventi, non sembrano essere soggette a fenomeni di deterioramento: a distanza di anni, il loro ricordo permane ancora intatto e inalterato.

L'altra caratteristica importante è che i pazienti non riportano di avere avuto paura o di avere provato emozioni angoscianti.

Sono stati condotti diversi studi allo scopo di indagare la prevalenza di questa componente, da cui sono emerse percentuali variabili dal 75% (Greyson & Stevenson, 1980) all'83% (Greyson, 1983), fino ad arrivare a un 100% (Sabom, 1982).

Sembra che tra le difficoltà principali di univoco accordo circa la sua percentuale di presenza ci siano usi diversi della definizione operativa di OBE, dalla cui diversa applicazione emergerebbe poi tale variabilità di risultati.

La rilevanza di questo elemento ai fini della qualificazione dell'intensità della NDE è tale che Greyson nella sua scala di misura, gli assegna il massimo del punteggio, ossia il valore di 2. I casi di arresto cardiaco sono quelli dove è riportata la più alta frequenza di resoconti di esperienze OBE, spesso accompagnati dalla presenza di dettagli veridici su cosa i pazienti hanno visto mentre si guardavano dall'alto.

Ricordiamo, a tale proposito, il famoso caso di Pam Reynolds, che secondo alcuni autori sarebbe ascrivibile solamente all'ambito delle *"out-of-body experiences"*, senza essere una NDE in senso stretto. Pam Reynold riportò infatti, nel corso della sua fluttuazione durante l'operazione chirurgica, numerosi e specifici dettagli sul procedimento in corso, inclusa la forma di alcuni strumenti usati, mentre era bendata e cerebralmente morta.

Commentando quest'episodio, Keith Augustine ritiene che la OBE della Reynold non fosse veritiera e la sua origine vada ricercata nel fallimento dell'anestesia.

È quindi possibile che la descrizione morfologica del trapano pneumatico usato per forare il cranio, fatto dalla paziente, sia la conseguenza di un'elaborazione mentale di natura deduttiva a seguito di un'esperienza precedente dal dentista, avvenuta in una fase di anestesia poco profonda caratterizzata da intrusione di stati di sonno REM.

Nel passato le OBE erano state etichettate come appartenenti alla famiglia dei fenomeni autoscopici, esperienze visive illusorie, di natura allucinatoria, in cui il paziente ha l'impressione di vedere la sua immagine corporea come se si trovasse nel suo spazio extrapersonale. Può capitare anche che tale visione esterna del proprio corpo, spesso offuscata, sfoci nella percezione del proprio doppio.

Considerando però che le condizioni in cui le OBE avvengono sono frequentemente caratterizzate dalla presenza di un paziente in posizione distesa mentre è sottoposto a manovre del personale sanitario, in assenza di attività cosciente, non sembra che ci sia molto in comune con la definizione che viene data dei fenomeni autoscopici.

Sono state date diverse interpretazioni del fenomeno OBE, date le evidenze che sono emerse dall'analisi dei resoconti di cui disponiamo all'interno della letteratura sulle esperienze pre-morte. La rivoluzionaria prospettiva di Mays & Mays (1998) ha cercato di creare un modello che vada a integrare posizioni ritenute tradizionalmente incompatibili: da una parte teorie fortemente radicate nell'idea che non sia possibile accedere alla consapevolezza e quindi neanche alle memorie di ciò che accade, senza che sia presente l'attività della coscienza, e dall'altra teorie disponibili ad accettare la possibilità che la consapevolezza sia possibile anche al di fuori dell'ordinaria attività della coscienza.

Un altro problema connesso alle questioni inerenti la fisiologia e la fenomenologia della coscienza è se essa possa essere compresa solo in relazione ai suoi correlati cerebrali, senza i quali nessuna coscienza è possibile, o se essa non possa essere ridotta all'attività neurale, rappresentando un *qualia* fenomenologico di altra natura.

Queste due posizioni sono chiamate rispettivamente da Agrillo *"out-of-brain theories"* e *"in-brain theories"*, corrispondenti al paradigma scientifico riduzionista e quello post-materialista. Mays & Mays (2008) sono dell'opinione che la coscienza operi secondo meccanismi *"in-brain"* quando è connessa al corpo, e *"out-of-brain"* quando ne è separata.

La coscienza, quindi, secondo questi autori, non sarebbe una proprietà emergente dell'attività sistemica dei circuiti neuronali, ma un'entità autonoma, dotata di una propria auto-sussistenza. L'auto-coscienza, secondo gli autori sopra citati, ha una natura immateriale e indipendente, dove volontà, memoria, pensiero e sensazioni sono presenti a più livelli e in diverse modalità operative, pur intrattenendo un'intima e profonda connessione sia con la mente che con il cervello.

Coloro che fanno esperienza di OBE, quindi, non percepiscono la loro coscienza come se la separazione dal corpo ne avesse interrotto la manifestazione: c'è un senso di continuità profondo nel viversi contemporaneamente da dentro e fuori dal proprio corpo.

Se nello stato ordinario dell'essere, la fenomenologia della coscienza, quando è unita ai substrati cerebrali, si esprime attraverso la mediazione interpretativa offerta dall'attività delle funzioni cognitive, in uno stato di coscienza alterata o assente tale mediazione viene inabilitata.

È anche per questo motivo che le spiegazioni basate sul funzionamento cerebrale tendono a fallire davanti agli episodi che vengono raccontati dai sopravvissuti, dal momento che, secondo Mays & Mays (2008), la spiegazione si colloca a un altro livello.

«La mente autocosciente sembra emergere nell'infanzia come un'entità pienamente sviluppata; il processo di apprendimento del neonato e del bambino implica quindi l'apprendere a integrare la mente autocosciente con il cervello e il corpo. I processi di formazione e richiamo della memoria possono operare nella mente autocosciente in modo completamente indipendente dal cervello. Infine, la mente auto-cosciente autonoma è la sede della consapevolezza autocosciente. Solo durante eventi straordinari come le NDE essa si separa dal corpo fisico e opera per un certo tempo indipendente da esso»

(Mays & Mays)

In moltissimi casi di incoscienza cerebrale, la teoria che le attività della coscienza dipendano interamente dalle funzioni cerebrali trova veridici riscontri e ne sono un esempio i casi in cui l'assenza di attività elettrica comporta quasi sempre stati di incoscienza a seguito dei quali non viene riportata alcuna esperienza OBE.

Tuttavia, Mays & Mays (2008) fanno notare come questo non escluda la possibilità che ci siano casi eccezionali in cui ciò verosimilmente non accade, pur non negando la validità delle teorie neuroscientifiche sulla fisiologia della coscienza.

I casi di coloro che hanno avuto una OBE durante un arresto cardiaco rappresentano proprio questa eccezione che disconferma la regola, dal momento che non esiste alcuna possibilità che la coscienza com'è ordinariamente intesa sia presente se il tracciato encefalografico è piatto e il paziente è incosciente.

Ciononostante i pazienti, durante la loro "morte", come abbiamo precedentemente chiarito, non hanno la sensazione che ci sia stata un'interruzione di coscienza come si dedurrebbe osservando il comportamento del tracciato elettroencefalografico, ma al contrario riportano di aver sperimentato una percezione molto lucida di continuità dell'essere attraverso i diversi stati. Una volta tornate in vita, tali persone ricordano perfettamente tutto quello che è accaduto e questa memoria resta inalterata nella loro mente per tutto il resto della loro esistenza terrena. Alcune teorie – comunque radicalmente differenti – hanno alcuni elementi in linea con la rivoluzinaria prospettiva di Mays & Mays.

Tra di esse ricordiamo:

- *"La teoria dell'essenza"* di Kenneth Arnette's.

- L'introduzione del concetto di *"mente autocosciente immateriale"* da parte di Karl Popper e John Eccles.

- Il modello introdotto da Libet di *"campo mentale cosciente"*.

La maggior parte degli studi che hanno indagato le complesse relazioni tra sensazioni riportate durante le esperienze OBE e i pattern di attivazione neurale sono stati condotti da Blanke et al. (2000, 2002, 2003, 2004, 2005), i quali propongono il coinvolgimento del giro angolare destro a livello di lobo parietale destro, noto per evocare, quando stimolato, cambiamenti nella percezione del movimento corporeo e della posizione degli arti.

Sembra infatti che chiedendo ad alcuni soggetti sperimentali anche solo di immaginare di trovarsi al di sopra del proprio corpo guardandosi dall'alto, vadano attivandosi spontaneamente le aree cerebrali localizzate nella giunzione temporo-parietale destra.

Più nello specifico, l'errore propriocettivo è determinato da un'errata integrazione delle informazioni afferenti al giro angolare destro, che in condizioni normali sono destinate a raggiungere circuiti aventi la funzione di fornire una rappresentazione corporea integrata. Il danno organico andrebbe quindi ad alterare il funzionamento dei processi cerebrali deputati alla corretta percezione del proprio schema corporeo, agendo in particolar modo a livello di funzioni integratrici multisensoriali.

Un altro circuito la cui alterazione è stata ipotizzata essere all'origine delle sensazioni di leggerezza e di levitazione tipiche delle esperienze OBE è il sistema vestibolare, che secondo alcuni autori fa parte di un più ampio circuito neuronale, coinvolgente parecchie aree cerebrali, tra cui anche l'attività del giro angolare destro.

La possibilità di localizzare le aree cerebrali implicate nella genesi delle esperienze OBE, se condividiamo la prospettiva che si tratti di un deficit di natura funzionale e organica relativa ai processi deputati a fornire una corretta rappresentazione corporea, è molto promettente, ma tuttavia essa non può essere del tutto efficacemente applicata per spiegare le OBE, poiché ci sono moltissimi altri aspetti, oltre alla fluttuazione e alla sensazione di leggerezza, che costituiscono la fenomenologia di questa componente.

Le *out-of-body experiences*, a differenza delle altre componenti delle NDE, si manifestano non solo durante l'esperienza pre-morte, ma anche in numerose altre condizioni non ordinarie di coscienza, come la meditazione intensa, l'ipnosi o l'autoipnosi.

Facco, ad esempio, riporta il caso di una donna che, mentre stava facendo *savasana*, ha vissuto un'esperienza OBE.

Inoltre, la relativa facilità con cui durante l'induzione ipnotica si possono produrre artificialmente sensazioni di estrema leggerezza corporea, senso di sdoppiamento del sé e percezioni simili alla fluttuazione, ha reso celebre questo fenomeno.

Sono numerose le cosiddette "tecniche OBE" che sono state sviluppate, per indurre un'esperienza di proiezione o viaggio astrale [6].

Questa diffusione è da imputare principalmente ai differenti significati che sono stati attribuiti a questa esperienza, a partire da coloro che non vi assegnano significato metafisico o spirituale, considerando l'OBE un fenomeno dissociativo e allucinatorio prodotto naturalmente dalla mente, fino ad arrivare a chi l'ha rivendicata come prova dell'esistenza di altri piani di realtà e di coscienza.

Il fenomeno della fuoriuscita dal corpo può quindi avvenire spontaneamente, come accade nelle OBE indotte da stati alterati di coscienza, e la tecnica per generare tale esperienza può essere inoltre appresa. Tra le più complicate tecniche sviluppate ricordiamo quella di Robert Monroe, che ha anche fondato un istituto per il viaggio astrale chiamato *"The Monroe Institute"*: il suo sistema ha lo scopo di ottenere un rilassamento profondo indotto tramite autoipnosi, fino al raggiungimento di uno stato di trance resa progressivamente più profonda dall'amplificazione delle risposte ideomotorie. Nonostante l'accettazione delle esperienze di separazione dal proprio corpo siano poco compatibili sia con il pensiero occidentale in generale, sia con il paradigma scientifico dominante, fin dall'antichità in numerose culture, come ad esempio il Buddismo tibetano, esse sono state considerate strumenti elettivi per promuovere l'evoluzione della coscienza.

---

[6] Altro termine usato per riferirsi all'esperienza fuori dal corpo.

3

Casi celebri di NDE

3.1 La NDE di Carl Gustav Jung

L'episodio della NDE di Carl Gustav Jung, di cui possiamo trovare riferimenti e cenni in diversi testi, viene estesamente trattato in un'autobiografia che egli inizia a scrivere all'età di 83 anni. Nel libro *Ricordi, Sogni, Riflessioni*, troviamo numerose descrizioni fatte da Jung in prima persona della sua esperienza NDE, che rappresenterà un momento fondamentale di riflessione e metamorfosi, a seguito della quale tutta la sua esistenza precedente verrà ad assumere un significato e un valore completamente diverso.

Ho deciso di riportare alcune citazioni tratte da questo testo autobiografico, allo scopo di orientare verso una comprensione più immediata e intuitiva di questa esperienza, narrata in presa diretta dall'autorevole voce di un uomo di scienza che ha fatto la storia della psicologia.

«Tutto ciò che mi proponevo, o che avevo desiderato, o pensato, tutta la fantasmagoria dell'esistenza terrena, svanì, o mi fu sottratto: un processo estremamente doloroso. Non di meno qualcosa rimase: era come se adesso avessi con me tutto ciò che avevo vissuto o fatto, tutto ciò che mi era accaduto intorno [...] io ero tutto ciò [...]. Questa esperienza mi dava una sensazione di estrema miseria e, al tempo stesso, di grande appagamento. Non vi era più nulla che volessi o desiderassi. Esistevo, per così dire, oggettivamente; ero ciò che ero stato e che avevo vissuto [...]. Non sussisteva più il rimpianto che qualcosa fosse scomparso o fosse stato sottratto. Al contrario, possedevo tutto ciò che ero, e solo questo...»

(Jung)

È il 1944 e Carl Gustav Jung si trova in una clinica svizzera, quando ha un infarto del miocardio. L'esperienza, così come viene descritta, possiede le principali caratteristiche indicate dalla scala NDE di Greyson.

Il racconto che ne viene fatto è estremamente articolato e ricco di dettagli, al punto che Facco arriva a definirlo:

«Una sorta di prototipo, un Er reale e moderno, ambasciatore del confine tra la vita e la morte, tra fisica e metafisica, e della psiche oltre la dimensione ordinaria dell'esistenza»

(Facco)

Tra gli aspetti di maggiore rilevanza che emergono dalla lettura della testimonianza di Jung, è la profonda influenza che tale esperienza eserciterà sull'elaborazione della sua rappresentazione esistenziale successiva e il profondo ridimensionamento valoriale che ne conseguirà.

Se prendiamo ad esempio uno studio di Klemenc-Ketis & Zalika (2013), che ha indagato i cambiamenti di vita dopo le NDE in una popolazione di pazienti che, come Jung, hanno avuto un infarto, emergono cambiamenti di comune riscontro in alcuni ambiti specifici.

Gli autori individuano quattro aree principali in cui si manifestano tali trasformazioni.

Relazioni sociali: manifestazione di sentimenti ed empatia, comprensione e consapevolezza delle necessità altrui.

Spiritualità e religione: comprensione del significato della vita, maggiore tolleranza per la fede altrui.

Rapporto con la morte: cessazione della paura della morte, fede nell'aldilà, accettazione della morte e del morire.

Altri cambiamenti: comprensione del significato della propria vita, riduzione del materialismo.

Considerando i risultati che emergono dallo studio sopradetto diventa più chiaro come alcune delle affermazioni fatte da Carl Gustav Jung in merito alla sua NDE possano essere meglio inquadrate e la cornice interpretativa prioritaria cui il lettore debba fare riferimento per comprendere le descrizioni che seguiranno.

Procediamo dunque con una citazione ad alto impatto, dalle parole stesse di Jung, in cui il potere catartico che la NDE esercitò sulla vita del celebre psicoanalista si disvela in tutto il suo potere:

«È impossibile farsi un'idea della bellezza e dell'intensità dei sentimenti durante quelle visioni [...] il mondo ordinario era troppo materiale, crudo, rozzo, limitato, sia nello spazio sia nello spirito. Era una sorta di prigione, fatta per scopi ignoti, che aveva una specie di potere ipnotico, che costringeva a credere che essa fosse la realtà, nonostante se ne fosse conosciuta con evidenza la sua nullità.

Sebbene in seguito abbia ritrovato la mia fede in questo mondo, pure da allora in poi non mi sono mai liberato completamente dall'impressione che questa vita sia solo un frammento dell'esistenza, che si svolge in un universo tridimensionale, disposto a tale scopo [...].

Rifuggiamo dalla parola "eterno", ma posso descrivere la mia esperienza solo come la beatitudine di una condizione non-temporale nella quale presente, passato e futuro siano una sola cosa...»

(Jung)

Le NDE sono in grado di trasformare attitudini, credenze, stile di vita, cambiando le vite di coloro che ne hanno fatto esperienza in modo permanente: questa evidenza emerge anche dai risultati di numerose interviste a sopravvissuti, e sembra essere di comune riscontro.

È importante ribadire che non si tratta soltanto di un effetto temporaneo, ma di una duratura trasformazione della struttura rappresentazionale e della scala valoriale, accompagnata molto frequentemente anche da cambiamenti radicali dell'attitudine spirituale.

Ulteriori considerazioni sul caso di Jung sono necessarie per fornire un resoconto che sia al contempo aderente a come i fatti si sono svolti e sono stati narrati, e aperto a ogni prospettiva interpretativa valida. Una delle ipotesi sostenibili, ad esempio, nel caso della NDE di Jung, valuta il possibile impatto dei fattori farmacologici nell'induzione delle alterazioni di coscienza: se non è possibile dimostrare con certezza che siano stati i farmaci impiegati da Jung per la sua malattia ad aver causato la sua NDE, resta tuttavia un'alternativa plausibile che non possiamo escludere. Circa le altre caratteristiche dell'esperienza descritta da Jung, come l'essersi trovato in una dimensione a-temporale e avere incontrato persone non più in vita, esse fanno parte della fenomenologia tipica delle NDE di cui altri autori, incluso Greyson, hanno parlato.

Vi sono inoltre da valutare altri due aspetti fenomenologici della NDE di Jung, probabilmente imputabili all'influenza della sua personalità, del background culturale e di altri elementi contestuali.

In primo luogo lo scenario in cui si svolge la NDE contiene numerosi riferimenti esotici e magici, tra cui spicca la presenza di un tempio e un'ambientazione orientale.

«Un indù nero sedeva, con indosso una veste bianca, nella posizione di loto, su uno sgabello di pietra in stato di completa distensione. Così mi attendeva, in silenzio [...] mentre mi avvicinavo al tempio avevo la certezza di essere sul punto di entrare in una stanza illuminata e di incontravi tutte quelle persone alle quali in realtà appartengo...»

(Jung)

In secondo luogo il medico che aveva in cura Jung compare all'interno delle visioni trasfigurato e chiaramente percepito come prossimo alla morte:

«mentre meditavo [...] fluiva verso l'alto un'immagine. Era il mio medico, o piuttosto la sua immagine, incorniciato da una catena d'oro, e da un'aurea ghirlanda d'alloro. Subito mi dissi: "Ah, ah, questo è il mio medico, naturalmente, quello che mi ha curato.

Ma adesso sta venendo nella sua forma originaria, come un basileus di Coo. Nella vita questo era un avatar di questo basileus, la temporanea incarnazione della sua forma originaria" [...]. Ebbe luogo tra noi un muto scambio di pensieri...»

(Jung)

Nell'ambito della più ampia fenomenologia delle esperienze pre-morte, questo caso ne evidenzia alcuni contenuti fondamentali e universali, condivisi da ogni epoca e ogni cultura.

L'intero capitolo che Jung, nella sua autobiografia, dedica alla sua esperienza pre-morte, è una sorta di viaggio nelle profondità del suo inconscio, che la NDE rende possibile in modo nuovo e risolutivo.

Jung stesso affermerà, riguardando alla sua vita in modo del tutto nuovo, dopo questa esperienza:

«*In fondo, le sole vicende della mia vita che mi sembrano degne di essere riferite sono quelle nelle quali il mondo imperituro ha fatto irruzione in questo mondo transeunte*»

(Jung)

Una posizione forte, quasi inaspettata, che segnerà l'intera restante esistenza del celebre psicoanalista, così come è accaduto a quasi tutti coloro che si sono avvicinati alla morte abbastanza da potercisi immergere.

Dopo la sua NDE, Gustav Jung rivisiterà la sua idea dell'inconscio, arrivando a includere la possibilità alternativa che esso possa incorporare significati di provenienza trascendentale derivanti da altre dimensioni.

La riflessione sulla fenomenologia delle NDE dovrebbe sapere integrare i contributi della scienza moderna con quella parte di conoscenza relativa a fenomeni che rappresentano in buona parte un mistero ineludibile, e attraverso questa riflessione pervenire a una comprensione imparziale, genuinamente scettica, che accetti senza riduzionismi né parzializzazioni tutto ciò che, di volta in volta, acquista plausibilità. È il grande solco tra la fisica e la metafisica, sia pure reso meno profondo dall'immensa mole di conoscenze che la ricerca ha generato, ma che nonostante tutto, davanti a esperienze come le *neardeath experiences*, ancora oggi palesa il suo limite intrinseco.

«l'uomo moderno sembra del tutto impreparato, oggi più che in passato, ad affrontare il confine della vita fisica e comprendere il grande mistero della morte...»

(Facco)

Le *near-death experiences* nei casi di arresto cardiaco avvengono in un periodo di tempo molto breve, che va generalmente da pochi secondi a una decina di minuti, e in questo breve arco di tempo succede qualcosa di davvero sorprendente e inaspettato.

I cambiamenti che sopravvengono in seguito sono così intensi da alterare le strutture rappresentazionali degli individui e la sfera della loro spiritualità, trasformandone in modo permanente il rapporto che essi hanno con la vita e con la morte.

A tale proposito Jung, nella sua autobiografia, dichiara:

«Dopo la malattia cominciò per me un fruttuoso periodo di lavoro: molte delle mie opere principali furono scritte solo allora. La conoscenza, o l'intuizione, che avevo avuto della fine di tutte le cose, mi diede il coraggio di intraprendere nuove formulazioni. Non tentai più di manifestare la mia opinione personale, ma mi abbandonai al flusso dei miei pensieri. Così mi si presentarono, l'uno dopo l'altro, vari problemi, e un po' per volta presero forma. Ma dalla malattia derivò anche un'altra cosa: potrei chiamarla un dir di "sì" all'esistenza; un "sì" incondizionato a ciò che è, senza proteste soggettive; l'accettazione delle condizioni dell'esistenza così come le vedo e le intendo; l'accettazione della mia stessa essenza, proprio come essa è. [...] Fu solo dopo la malattia che capii quanto sia importante dir di sì al proprio destino. In tal modo forgiamo un io che non si spezza quando accadono cose incomprensibili; un io che regge, che sopporta la verità, che è capace di far fronte al mondo e al destino.

Allora fare esperienza della disfatta è anche fare esperienza della vittoria. Nulla è turbato – sia dentro che fuori – perché la propria continuità ha resistito alla corrente della vita e del tempo. Ma ciò può avvenire solo quando si rinuncia a intromettersi con aria inquisitiva nell'opera del destino»

(Jung)

E se, dopo il suo risveglio, mai come prima l'esistenza terrena gli era parsa un luogo ristretto, una prigione, come si evince da quanto lui stesso scrive, da questa consapevolezza nuova raggiunta egli aveva tratto nuovi insegnamenti di natura rivelata sulla natura della realtà, della vita e della coscienza, che sono poi divenuti parte integrante delle opere sorte a seguito di questa esperienza.

3.2 Il celebre caso di Pam Reynolds

L'esperienza pre-morte di Pam Reynold è tra i più celebri e meglio documentati casi sulle NDE, accuratamente descritto da Sabom nel capitolo 3 del suo libro *Light and Death*.

Sono le 7.15 della mattina di un Agosto del 1991 quando Pam Reynold, cantante americana, all'età di 35 anni, entra nella sala operatoria del Barrow Neurological Insitute di Phoenix, in Arizona, per essere sottoposta a un intervento molto delicato di neurochirurgia cerebrale. La causa dell'intervento è la sofferenza cerebrale creatasi in seguito a un raro aneurisma gigante localizzato nell'arteria basilare e l'intervento procede in condizioni di ipotermia profonda e circolazione sanguigna extracorporea.

Data la posizione dell'aneurisma e la sua dimensione, tali da non permettere la sua rimozione utilizzando tecniche normali di neurochirurgia, si deve far ricorso a una nuova procedura sperimentale ad alto rischio, soprannominata "standstill", implicante l'abbassamento della temperatura corporea fino a 15 gradi e l'arresto di battito cardiaco e circolazione sanguigna, tramite completo drenaggio sanguigno dal cervello, con conseguente cancellazione dell'attività elettrica della paziente.

Da un punto di vista strettamente medico-clinico, quindi, Pam Reynolds era morta per molti parametri vitali.

È stato necessario inserire, all'interno dei canali uditivi della paziente, dei piccoli altoparlanti, i "*Brainstem Auditory Evoked Potentials* (BAEPs)", allo scopo di monitorare l'attività del tronco cerebrale:

finché la sua funzionalità cerebrale fosse rimasta intatta, tali suoni emessi dagli altoparlanti avrebbero generato dei picchi corrispondenti nel tracciato elettroencefalografico. Micheal Sabom, riferendosi alla documentazione medica che ha riguardato questo caso, ne parla in questi termini:

«qualcoaa che supera di gran lunga qualsiasi altra precedente registrazione, fornendoci la nostra tuttora più completa visione nell'esperienza pre-morte»

(Sabom)

Dopo circa un'ora e mezza dall'entrata nella sala operatoria, Pam Reynolds era ufficialmente pronta per la fase chirurgica e il personale medico procede alla fase di esposizione del cranio e successivamente all'impiego di un trapano pneumatico per la perforazione.

Questo momento è particolarmente rilevante poiché dai resoconti di quanto la paziente riporta, l'esperienza pre-morte da lei vissuta, inizia a questo punto, alle ore 8.40 di una mattina di agosto in Arizona, con la percezione della nota musicale Re.

Tali sono le parole di Pam Reynolds sull'esperienza:

«la cosa successiva che ricordo era il suono: era un Re naturale. Mentre ascoltavo il suono, sentii che esso mi stava trascinando fuori dalla sommità della testa. Più uscivo dal mio corpo, più chiaro diventava il tono. Ho avuto l'impressione che fosse come una strada, una frequenza nella quale avanzi... Ricordo di aver visto diverse cose nella sala operatoria quando stavo guardando in basso. Ero più consapevole di quanto non sia mai stata in tutta la mia vita. [...] Ero metaforicamente seduta sulla spalla del dottor Spetzler. Non era come una visione normale.
Era più luminosa e più focalizzata e più chiara della normale visione...»

(Pam Reynolds)

Pam Reynolds, risvegliatasi dopo l'intervento chirurgico, riporta numerosi accurati dettagli di come è avvenuta l'operazione, tra cui l'accurata descrizione della forma del trapano pneumatico impiegato per forarle il cranio e del suono emesso dallo strumento, che la paziente dice di avere distintamente udito durante la sua esperienza pre-morte.

«L'oggetto sega di cui detestavo il suono sembrava uno spazzolino da denti elettrico e aveva un'ammaccatura, una scanalatura nella parte superiore dove la sega sembrava entrare nel manico. La sega aveva anche lame intercambiabili, ma queste lame erano contenute in qualcosa che sembrava come una valigetta per le chiavi a bussola. Ho sentito la sega sollevarsi. Non li ho visti usarla sulla mia testa, ma penso di averla sentita usare su qualcosa. Stava ronzando a un tono relativamente alto e poi all'improvviso è diventato Brrrrrrrrrrr! come quello...»

(Pam Reynolds)

Da questo punto di vista, questo caso è uno dei rarissimi casi di OBE, avvenuti durante la fase intra-operatoria, durante cui il paziente generalmente non ha alcuna coscienza di ciò che accade, e non sembra verosimile che anche qualora un'anestesia non abbastanza profonda abbia causato un parziale risveglio, la paziente, che aveva volto coperto e occhi chiusi, abbia potuto vedere come erano fatti gli strumenti chirurgici.

La paziente, una volta tornata in vita, riporta con esattezza, parola per parola, la frase pronunciata dal dott. Murray prima di iniziare l'operazione, in cui il medico afferma che secondo lui l'arteria che era stata scelta per l'inserimento del bypass cardiopolmonare è troppo piccola.

«Qualcuno ha detto che le mie vene e le mie arterie sono molto piccole. Credo che fosse una voce femminile e che fosse il dottor Murray, ma non ne sono sicura. Lei era il cardiologo [sic]. Ricordo di aver pensato che avrei dovuto parlarle di questo...»

(Pam Reynolds)

In relazione a questo aspetto, si è aperto un ampio dibattito che ha discusso sulla verosimilità delle affermazioni riportate dalla Reynolds, circa la possibilità effettiva che ella possa aver sentito un suono e la conversazione tra il personale medico che l'ha operata.

Secondo Woerlee, l'impressione sonora è spiegabile come l'effetto combinato di uno stato di fantasia oniroide indotto dall'anestesia poco profonda e le vibrazioni emesse dall'apparecchio auricolare che le era stato introdotto nel canale uditivo per monitorarne i segni vitali. D'altra parte, come fa notare Carter, i potenziali evocati dal BAEPs erano costantemente sotto monitoraggio e non c'è ragione di credere che i suoni che la Reynold afferma con certezza di avere udito siano correlabili alle emissioni sonore connesse a questa apparecchiatura.

Il BAEPs era stato collocato a livello di tronco cerebrale, ma i circuiti neuronali deputati all'elaborazione cosciente dei suoni si trovano a livello di corteccia uditiva, e sappiamo, dai resoconti dettagliati che sono stati forniti dell'intervento, che l'attività corticale di Pam Reynolds era nulla.

È utile, ai fini di una comprensione più esaustiva di questa diatriba di natura anestesiologica sul caso di Pam Reynold, riportare qualche nozione sul funzionamento dei processi cerebrali durante l'anestesia:

«Le aree cerebrali essenziali per il suo lavoro complessivo (l'idea che il substrato essenziale per l'esperienza cosciente siano oscillazioni EEG ad alta frequenza che collegano regioni del cervello separate e computazionalmente specializzate) vengono costantemente disattivate individualmente e disaccoppiate funzionalmente durante un'anestesia chirurgicamente adeguata e i relativi stati di incoscienza. Gli stimoli uditivi e altri sono ancora in grado di attivare le loro aree di ricezione primarie, poiché i percorsi sensoriali rimangono relativamente intatti, ma questi stimoli non sono più in grado di attivare la larga scala di interazioni cooperative tra network cerebrali che normalmente accompagnano l'esperienza consapevole»

(Kelly et al.)

Non è possibile escludere, infatti, anche se si tratta di casi che molto raramente si sono verificati, che la coscienza della paziente fosse ancora parzialmente presente, a causa di un'anestesia non abbastanza profonda e di un inefficiente monitoraggio della coscienza durante l'operazione.

Se fosse così, la NDE di Pam Reynold non rientrerebbe a pieno titolo nei casi tipici di esperienze premorte, e si tratterebbe solo di un'esperienza OBE isolata dalla più ampia fenomenologia NDE. Da rilevare inoltre che, nella fase di pre-arresto cardiaco, mentre Pam Reynold ha il cranio esposto e le viene introdotto il trapano pneumatico nei tessuti cerebrali, è ancora presente una risposta cerebrale, mentre tale risposta è assente durante la fase intra-operatoria di rimozione dell'aneurisma.

Poiché è durante la prima fase dell'operazione che Reynolds riporta di avere udito il suono Re e la frase del dott. Murray, alcuni autori ipotizzano che la parte verosimile del resoconto sia attribuibile a questo primo periodo, mentre non sarebbe possibile affermare lo stesso in relazione a quello intra-operatorio successivo, durante cui la paziente era clinicamente morta e la risposta cerebrale era assente.

Woerlee, nel suo libro *The unholy legacy of Abraham*, si dimostra chiaramente a favore di una visione materialistico-riduzionista degli eventi accorsi, e la sua posizione militante contro ogni spiegazione non materialistica del fenomeno delle NDE appare a Carter profindamente antiscientifica.

Se da una parte il genuino scetticismo, quello di cui la scienza si è servita per evolversi e superarsi, conduce a una sospensione del giudizio utile al vaglio critico di tutte le possibilità, il rifiuto estremista di qualsiasi visione di natura non-materialistica, tipica degli atei militanti di ogni epoca, porta solo ad atteggiamenti sterili e non conduce a nessuna crescita della conoscenza.

Nella visione post-materialista di Carter infatti, considerare la possibilità che Pam Reynolds abbia davvero sentito parlare il personale medico a seguito di un'esperienza di spostamento extracorporeo della coscienza, ammettere che possano esistere fenomeni psichici come la telepatia, e considerare che la mente abbia la capacità di operare tramite canali che non possono essere ridotti alla sola attività fisiologica, canalizza la paura di un ritorno a un'epoca dominata dalla superstizione, preda dell'irrazionalità.

Questo è esattamente quello che porta poi gli atei a negare con ferrea certezza e risolutezza ogni evidenza, anche logicamente plausibile, che possa mettere in luce la falsificabilità dei dogmi di matrice materialistica.

Nonostante ogni valida considerazione sul caso di Pam Reynolds, vi sono molte aree tematiche della sua esperienza che sono oggetto di dibattiti mai del tutto risolutivi e moltissimi interrogativi che non hanno trovato una risposta definitiva.

4

Principali strumenti di misura

4.1 Life Change Inventory

Tra i primi tentativi rigorosi di quantificazione oggettiva dei cambiamenti nella vita di coloro che hanno sperimentato una *near-death experiences*, vi è quello di Kenneth Ring, che ha ideato uno strumento con una scala Likert attualmente conosciuta con il nome "Life Change Inventory", in seguito ampliata e revisionata, costituita da una serie di items ognuno dei quali ancorato a una specifica dimensione valoriale.

Il *Life Change Inventory* (LCI) è tra i principali strumenti di valutazione e misura utilizzati nell'ambito della ricerca sulle *near-death experiences*.

La prima versione che ne fu fatta, chiamata inizialmente "*Life Changes Questionnaire*" (LCQ), conteneva 42 items raggruppati attorno a cinque dimensioni:

1.Apprezzamento della Vita

2.Considerazione per gli altri

3.Considerazione per le opinioni altrui

4. Materialismo

5.Ricerca del Significato

Il nome *"Life Changes Inventory"* (LCI) venne successivamente coniato dallo stesso Ring e impiegato da lui, per la prima volta, all'interno di un articolo pubblicato insieme a Christopher Rosing (Ring & Rosing, 1990).

La versione ufficiale della scala comprende 50 items raggruppati attorno a nove domini valoriali ed è stata impiegata numerose volte per valutare i principali cambiamenti nella vita delle persone a seguito di eventi associati a importanti esperienze spirituali o transpersonali. Tali domini sono:

1.   **Apprezzamento della vita**

2.   **Auto-accettazione**

3.   **Considerazione per gli altri**

4.   **Materialismo**

5.   **Ricerca del significato**

6.   **Spiritualità**

7.   **Religiosità**

8.   **Questioni sociali e planetarie**

Negli anni la scala ha subito ulteriori modifiche, allo scopo di adattarsi meglio ai contenuti delle esperienze che emergevano dai nuovi studi.

In particolare, alcuni nuclei valoriali sono stati aggiunti, e gli items che nel corso del tempo sono apparsi ambigui o non consistenti sono stati cancellati e sostituiti con altri.

In altri casi si è provveduto all'eliminazione di alcuni items poiché spesso risultavano incomprensibili a coloro che dovevano rispondervi o erano frequentemene soggetti a bias interpretativi.

Alcuni cluster valoriali hanno subito un ridimensionamento, riunendo due fattori in un solo dominio di appartenenza: "materialismo" e "considerazioni per gli altri", ad esempio, sono stati inglobati dentro un unico cluster chiamato "preoccupazione per il successo".

La versione revisionata della LCI, chiamata "*Life Change Inventory-Revised*", comprende cinquanta items complessivi, raggruppati attorno a nove categorie valoriali, organizzate come segue:

1.   Apprezzamento per la vita

2.   Auto-accettazione

3.   Preoccupazione per gli altri

4.   Preoccupazione per il successo

5.   Preoccupazione per questioni sociali/planetarie

6.   Ricerca del Significato

7.   Spiritualità

8.   Religiosità

9.   Apprezzamento della morte.

Alla nuova versione *LCI-Revised* sono stati aggiunti cinque items di natura individuale che non rientrano in nessuno dei nove domini valoriali sopra menzionati: interesse nei fenomeni psichici (n. 6), desiderio di solitudine (n. 29), coinvolgimento nella vita familiare (n. 31), apertura all'idea della reincarnazione (n. 36) e sensazione di vulnerabilità personale.

Nella fase di somministrazione del questionario viene chiesto di valutare, per ognuna delle cinquanta affermazioni riportate nella scala, quanto la persona ritiene che quella caratteristica sia cambiata dopo l'esperienza avuta, valutandola lungo una scala a cinque punti Likert, e chiedendo di esprimere un parere compreso tra "molto accresciuta" a "molto ridotta".

Nella Tabella 3b potete vedere i cinquanta items del *Life Change Inventory-Revised* (Greyson & Ring, 2004)[7].

Il "Life Change Invenctory" è lo strumento d'elezione nell'ambito degli studi di tipo quantitativo che si sono confrontati con il difficile compito di misurazione dell'ampiezza del cambiamento nella vita delle persone, dopo l'impatto con esperienze intensamente spirituale e profonde, tra cui le esperienze pre-morte.

4.2 La scala di Greyson

La scala di Greyson è, tra gli strumenti di misura impiegati per quantificare l'intensità delle esperienze NDE, quello in assoluto più impiegato e validato a livello internazionale.

Nel 1983, Greyson sottopone la scala a uno studio di validazione, basandosi su una casistica di 76 esperienze pre-morte, allo scopo di dimostrarne la consistenza interna e l'affidabilità test retest. Il bisogno di disporre di uno strumento di analisi valido nasce infatti dalla necessità di comparare le casistiche e indagare secondo criteri di rigore metodologico la complessa fenomenologia delle NDE.

I fenomeni soggettivi della coscienza rappresentano in generale, per loro stessa natura, una sfida importante di fronte ai tentativi scientifici di misurazione, e da questo punto di vista le esperienze pre-

---

[7] Potete visionare la tabella nell'Appendice

morte possiedono una peculiarità che rende questi tentativi ancora più problematici. Per colmare tale lacuna metodologica Bruce Greyson genera uno strumento, partendo dalla lista di circa 80 caratteristiche fenomenologiche emerse ricorrentemente nei resoconti di NDE, e isola così

16 domande a elevata correlazione, che andranno poi a formare la scala a 16 items nota come "NDE's Greyson scale"[8].

Lo scopo principale di questo strumento di misura è dare una stima dell'intensità di ogni esperienza NDE riportata nella scala, in relazione agli aspetti affettivi, cognitivi, trascendendentali e paranormali.

A ogni item viene assegnato un punteggio che varia da 0 a 2 punti, con tre possibili risposte alternative: il massimo punteggio complessivo è 32 e il valore di 7 viene considerato il punteggio soglia di riferimento per individuare la presenza di una "*vera NDE*".

Sembra inoltre che all'aumentare dell'intensità percepita dalla persona (e quindi all'aumentare del punteggio ottenuto) le sensazioni di benessere e pace, i sentimenti di fusione trascendentale con lo spazio mistico e il senso dell'armonia, la gioia provata, vadano aumentando in termini incrementali e corrispondenti, fino ad arrivare alla comparsa di intuizioni mistiche, visioni del futuro e forme di veggenza.

Dopo la creazione di questo strumento, numerosi studi lo hanno impiegato allo scopo di identificare le "vere NDE" e distinguerle dalle altre esperienze.

L'assunto di base che domina l'idea di poter misurare, tramite la somministrazione di 16 domande, un'esperienza come quella pre-morte, è che in qualche modo nelle scelte linguistiche che le persone fanno quando descrivono qualcosa è contenuta una relazione, misurabile, con i contenuti qualitativi ed esperienziali che compongono il vissuto soggettivo e dall'analisi quantitativa del linguaggio usato sia quindi possibile trarre informazioni di natura non quantitativa sulla natura esperienziale di ciò a cui quel linguaggio si riferisce.

---

[8] La tabella è visionabile nell'Appendice.

Lange, Greyson & Houran (2015) hanno fatto uno studio per stabilire la validità concorrente della scala di Greyson, impiegando la tecnica dell'analisi semantica latente [9] (LSA), la cui applicazione è stata estesa, oltre che alle parole impiegate, a informazioni riguardanti età e genere delle persone, nella consapevolezza che gli usi linguistici connessi ai concetti cambiano in relazione all'età e al genere di appartenenza.

L'informazione quindi, vista da questa prospettiva, lungi dall'essere solo di natura linguistica verbale, può essere estratta tramite processi di misurazione, e può dirci qualcosa circa una qualità dei vissuti notoriamente ardua da misurare, ossia l'intensità di un'esperienza.

---

[9] Ideata da Paulson. È una tecnica che analizza le parole contenute in un testo, allo scopo di farne una rappresentazione spaziale semantica contenente più dimensioni.

5

Ipnosi e NDE

5.1 Cenni storici

La storia dell'ipnosi, come la storia delle esperienze pre-morte, è talora una storia di delegittimazione e negazionismo, cui la scienza ha restituito credibilità lungo i secoli tramite la ricerca scientifica.

Fin dalla sua prima comparsa nella storia, infatti, l'ipnosi ha rappresentato un territorio piuttosto ambiguo, cui si sovrappongono numerose credenze e pratiche di tipo magico, religioso, e sciamanico.

Il fatto di potere, ad esempio, divenire insensibili al dolore tramite l'induzione auto-ipnotica, gli stati di catalessi e trance in cui sprofondavano coloro che vi venivano sottoposti, suggerivano in qualche modo la possibilità che la mente avesse numerosi e misteriosi poteri che emergevano dagli stati non ordinari di coscienza.

Il primo medico che applicò l'ipnosi come metodo di cura per numerose disfunzioni e malattie, ipotizzando l'esistenza di una sorta di magnetismo fluidico animale, fu Mesmer, nel XVIII secolo: le sue idee alimentarono un diffuso pregiudizio circa la credibilità della sua teoria, per poi venire definitivamente accantonate.

Charcot, più tardi, riprendendo l'osservazione degli effetti che l'ipnosi aveva sulle persone, etichettò il fenomeno tout court come patologico, andando a fomentare ulteriormente il clima di pregiudizio negativo, già peraltro molto diffuso, sull'argomento.

Se nell'epoca attuale l'ipnosi è stata rivalutata, fino a essere ritenuta di valido impiego sia in ambito psicologico sia in ambito medico, questo si deve a Milton Erickson, ritenuto tra i più significativi psicoterapeuti e ipnoterapeuti del XX secolo, che ha rivoluzionato la prassi dell'ipnosi in ambito terapeutico, contribuendo a ridefinirne sia la natura che l'utilità.

Nella metà del XX secolo, l'ipnosi inizia ad essere impiegata in ambito anestesiologico, e vengono alla luce pubblicate le prime casistiche di interventi chirurgici effettuati sotto ipnosi e senza anestesia[10].

L'American Medical Association, negli anni Cinquanta, arriva quindi a ufficializzare l'impiego dell'ipnosi in ambito medico, legittimandone l'uso come trattamento terapeutico e sorgono le prime società scientifiche di ipnologia.

Oggi disponiamo quindi di numerose pubblicazioni scientifiche sull'argomento e l'ipnosi è ritenuta, al pari di altre tecniche, un sistema di grande utilità ed efficacia.

5.2 Connessioni e differenze tra ipnosi e NDE

Nella letteratura sulle NDE, il collegamento tra ipnosi e fenomenologia delle esperienze pre-morte è abbastanza frequente, nonostante si tratti di due fenomeni sostanzialmente diversi e che è bene tenere distinti.

Ciononostante, alcune evidenze mostrano come ci siano alcuni processi che accomunano ipnosi e NDE, dal momento che è possibile ricreare esperienze simili a quelle pre-morte, tramite induzione ipnotica. Tra di essi possiamo annoverare:

- *Out of Body experiences*

- *Alterazione della percezione temporale*

- *Rievocazione di memorie non accessibili allo stato ordinario di coscienza*

---

[10] Per approfondimenti vedi Mason (1955), Monteiro et al. (1958), Winkelstein et al. (1959).

- *Rivisitazione panoramica della propria vita.*

Un caso molto celebre, che ha concorso a evidenziare la connessione tra ipnosi e NDE, risale agli anni Quaranta ed è riportato in un articolo di Holden & MacHoven (1993), in cui un paziente con pregressa esperienza di collasso circolatorio fu sottoposto a ipnosi regressiva.

Nel caso sopracitato, la scelta di rievocare il momento della morte fu voluta dal paziente stesso, allo scopo di poter tornare a riappropriarsi delle memorie dei contenuti positivi della sua NDE. L'induzione ipnotica regressiva riportò il paziente nelle medesime condizioni fisiologiche in cui si trovava prima del collasso circolatorio, con l'aumento del battito cardiaco fino a 190 battiti al minuto e ipotensione arteriosa, motivo per cui l'ipnosi fu interrotta e con la sua cessazioni anche questi sintomi indotti scomparvero.

Questo caso provocò non poche polemiche sui potenziali rischi per la salute che possono derivare dalla rievocazione e riattivazione di contenuti di natura somatica.

Gli autori dell'esperimento, a seguito di questo episodio, introdussero un protocollo operativo a scopo cautelativo, che prevedeva la rievocazione specifica dei soli contenuti mnestici, ottenuta chiedendo al paziente di selezionare dalla sua memoria solo gli aspetti psicologici dell'esperienza. Durante lo stato di trance ipnotica, l'individuo rivive le sue esperienze e ne rievoca la memoria, in modo *eidetico*, vale a dire come se esse fossero realmente presenti in quel momento specifico nel qui e nell'ora, e partecipa di esse con una risposta fisiologica reale, del tutto aderente all'esperienza originaria vissuta e alla memoria stessa che egli ne possiede.

La rievocazione di un'esperienza pre-morte tramite ipnosi non è quindi soltanto un recupero passivo di informazioni, ma un vero e proprio reimmergersi nella passata esperienza.

Essa coinvolge l'attivazione di un maggior numero di aree cerebrali rispetto al solo recupero di informazioni dalla memoria effettuato in condizione di coscienza ordinaria.

Più nello specifico, dagli studi di neuro-imaging che sono stati condotti, mentre la normale rievocazione di ricordi attiva le aree temporali, se effettuata durante ipnosi, essa genera l'attivazione anche delle aree parieto-occipitali, precentrali, prefrontali, e i circuiti della corteccia cingolata.

Un altro aspetto che NDE e ipnosi condividono è legato alla maggiore attivazione dei circuiti dell'emisfero destro e all'inibizione dell'ordinaria dominanza emisferica sinistra: questa evidenza è coerente con l'idea che durante gli stati non ordinari di coscienza le attività logico-analitiche della mente vengano soppresse.

Se consideriamo quanto sappiamo circa le connotazioni mistiche che caratterizzano le esperienze pre-morte, non sorprende che sia proprio l'emisfero destro quello maggiormente coinvolto, i cui aspetti sono notoriamente implicati nelle esperienze mistiche.

In uno studio di Schenk (1999) è stata utilizzata la tecnica dell'ipnosi per indurre uno stato oniroide da svegli allo scopo di ricreare la fenomenologia delle esperienze pre-morte.

In questa ricerca i pazienti, precedentemente ipnotizzati, venivano invitati a immaginare tutto lo scorrere della propria vita fino al giorno della morte e alcuni dei soggetti sperimentali, anche senza avere avuto alcuna precedente di NDE, riportarono esperienze già note nella letteratura sui casi di pre-morte.

Anche in questo studio lo stato in cui si trovavano i pazienti era descritto come di estrema piacevolezza, amore diffuso e assenza di giudizio.

L'applicazione dell'ipnosi nell'ambito delle NDE ha messo in evidenza il potere che una rievocazione prospettica delle memorie orientata al futuro, e quindi proiettata verso la propria fine piuttosto che canalizzata retrospetticamente verso il proprio passato, può avere sulla qualità della vita di coloro che ne fanno esperienza.

Sono noti infatti i marcati cambiamenti di consapevolezza cui vanno incontro le persone che hanno avuto esperienze NDE e l'impatto radicale che esse esercitano sui sopravvissuti.

L'utilità del confronto tra esperienze NDE indotte dall'ipnosi e vere NDE, evidenziando somiglianze e differenze, può aiutare la ricerca a disambiguare quelle aree ancora poco chiare legate alla natura delle esperienze pre-morte, oltre che fornire delucidazioni sui correlati cerebrali coinvolti.

Conosciamo comunque ancora molto poco circa i meccanismi che numerose esperienze attribuibili a stati di coscienza non ordinaria hanno in comune.

Anche se in tale sede il nostro interesse primario è rivolto alle NDE, entrano a far parte di questa considerazione anche numerosi altri casi di esperienze mistiche, stati creativi della mente, l'ispirazione, e alcuni disturbi neurologici.

Ciò che gli studi sugli effetti dall'ipnosi e le NDE indotte vanno indicandoci è che la coscienza possiede alcune qualità di ardua sondabilità scientifica, una complessità multidimensionale non preventivabile che, paradossalmente, diventa tanto più evidente tanto più avanza la ricerca.

6
Implicazioni per la ricerca sulle NDE

6.1 Gli studi di Damasio sulla coscienza

Lo studio della coscienza rappresenta attualmente uno degli oggetti d'indagine prediletti della più recente e d'avanguardia ricerca neuroscientifica.

L'idea che fosse primariamente compito della filosofia e della teologia quello di pronunciarsi sulla natura della coscienza è stata superata nel momento in cui i progressi delle neuroscienze hanno permesso di realizzare indagini funzionali sui correlati celebrali, pervenendo così ad acquisizioni sorprendenti sul funzionamento della mente.

L'imponente mole di scoperte che sono emerse da questa proliferazione di studi si sono sovrapposte al dibattito scientifico in molti ambiti diversi, contribuendo alla nascita di nuovi interrogativi e alimentando a loro volta altre ricerche.

La fenomenologia NDE mette in rilievo l'importanza fondamentale della questione relativa alla natura della coscienza, dal momento che l'esperienza pre-morte si configura sostanzialmente come un'esperienza estremamente vivida, consapevole, che avviene con una coscienza descritta come estremamente lucida.

Tra i più importanti neuroscienziati che si sono occupati di questo argomento spicca Damasio, nella cui visione l'idea della coscienza come "processo" è andata sviluppando e portando a compimento quelle che erano state le intuizioni di William James.

Damasio è divenuto celebre per essere riuscito ad approcciare questa tematica da una prospettiva anti-dualista, interrompendo quel ciclo di errori valutativi che è stato inaugurato con la visione cartesiana e il cui superamento, nonostante i progressi scientifici, ha rappresentato e rappresenta ancora oggi una realtà scientifica solo parziale.

Con le ricerche di questo pioniere si inaugura quindi un nuovo modo di guardare ai processi della mente, in cui viene completamente rimessa in discussione la natura del sentire e il modo in cui il sé viene a costituirsi.

La coscienza, in questa prospettiva, emerge progressivamente nello sviluppo ontogenetico dell'individuo, configurandosi inizialmente come una struttura chiamata "proto-sé", in cui sono contenute le prime immagini mentali delle funzioni corporee, localizzate a livello di tronco encefalico. La costruzione della mente cosciente da parte del cervello si manifesta inizialmente sotto forma di *sentimenti primordiali* emergenti, che rappresentano la prima forma di esperienza che l'individuo fa del sentire in funzione del corpo.

Nel "*proto-sé*" sono quindi presenti i primi costituenti di quella che più avanti diventerà la coscienza definitiva, punto di arrivo di un processo che vede coinvolto l'intervento di molteplici aree cerebrali della corteccia cerebrale e delle strutture subcorticali.

La fase successiva del processo di costruzione della coscienza viene chiamata da Damasio "*sé nucleare*", nella cui emersione svolge un ruolo fondamentale la relazione che l'organismo intrattiene con gli oggetti della sua conoscenza.

«A mio avviso, il cambiamento essenziale del proto-sé deriva dal suo coinvolgimento istante per istante, innescato da qualsiasi oggetto venga percepito. Il coinvolgimento ha luogo in stretta prossimità temporale con l'elaborazione sensoriale dell'oggetto. Ogni qualvolta l'organismo incontra un oggetto – qualsiasi oggetto –, il proto-sé ne risulta modificato: per mappare un oggetto, infatti, il cervello deve eseguire un appropriato adeguamento del corpo, e i risultati di quell'adeguamento, come pure i contenuti dell'immagine mappata, vengono segnalati al proto-sé»

(Damasio)

Per passare da una forma di conoscenza implicita alla struttura di un sé cosciente, secondo Damasio, è necessaria una metamorfosi strutturale delle rappresentazioni dello spazio delle immagini, che da una condizione di presenza non cosciente devono trasformarsi in rappresentazioni dotate di natura esplicita.

Il nascere della coscienza vera e propria si ha soltanto con la comparsa del *"sé autobiografico"* o *"coscienza estesa"*, all'interno della quale la conoscenza realizza un punto di arrivo fondamentale. Questo processo di costruzione, per Damasio, richiede l'attività neurale coordinata di tronco encefalico, talamo e corteccia cerebrale.

L'enorme rilevanza della ricerca di questo scienziato sta nell'aver evidenziato la fondamentale importanza che le funzioni del tronco encefalico hanno nell'avviare il processo di costruzione del sé e la stretta cooperazione tra tali funzioni e la corteccia cerebrale nella creazione dell'esperienza consapevole.

Damasio propone un modello di coscienza in cui le diverse manifestazioni del sé emergono in successione gerarchica, scaturendo dalle precedenti: dal proto sé al sé nucleare fino al sé autobiografico. Il dualismo mente-corpo viene così superato da una visione che reintroduce il corpo nella discussione scientifica sulla coscienza.

La rivoluzionaria idea che la fisiologia dell'organismo partecipi attivamente alla costruzione dell'esperienza cosciente crea una frattura importante con una tradizione scientifica che ha voluto separare nettamente la mente dal corpo.

Damasio ha in un certo senso restituito alla scienza un oggetto di studio che per molto tempo era stato considerato non scientificamente indagabile, mettendo in luce i requisiti biologici di una coscienza incarnata nel corpo.

6.2 Implicazioni derivanti dalla fisiologia della coscienza nello studio delle NDE

La coscienza e la sua complessità sono ben note alla scienza per la loro insondabilità, che ha richiesto il contributo dialettico di un approccio multidisciplinare e l'ancoraggio a numerose teorie differenti, allo scopo di comprenderne la natura.

Oggi, grazie all'evoluzione delle neuroscienze, sappiamo che i processi della coscienza appaiono unitari a colui che li sta vivendo, ma sono in realtà costituiti da una molteplicità sistemica di circuiti operanti in parallelo, a diversi livelli cerebrali, comprendenti anche processi pre-consci e impliciti.

La verosimiglianza dell'esperienza che noi facciamo della nostra esistenza non è fondata solamente sui processi connessi all'auto-coscienza nello stato di veglia, poiché tale verosimiglianza, come ci mostra il fenomeno delle esperienze pre-morte, è forse possibile anche al di fuori delle ordinarie attività della coscienza.

Secondo Gould & Lewontin la coscienza è un *"pennacchio evolutivo"* venuto fuori dal processo cumulativo di trasformazioni del volume cerebrale e della sua funzionalità, avvenute nel corso della storia evolutiva dell'uomo, che però non faceva parte del progetto originario.

Sarebbe nato così, in un certo senso per puro caso, un nuovo modello di ominide dotato di un'intelligenza pienamente autocosciente, come conseguenza della riorganizzazione cerebrale dell'encefalo.

La nostra realtà è costantemente filtrata dalla percezione pre-riflessiva dell'ego, che esercita attivamente un'influenza distorcente sulla natura ultima di ciò che stiamo vivendo, oltre che essere a sua volta fortemente influenzata dai prodotti primari e secondari della cultura di appartenenza.

L'idea che noi abbiamo della nostra coscienza, la cui attenzione è rivolta sia all'interno del nostro "abitacolo corporeo", sia verso l'ambiente circostante e i suoi stimoli, considerata come la più alta facoltà acquisita dall'uomo nel corso della sua evoluzione, con lo studio dei casi di esperienza premorte, scatena nuovi interrogativi, dubbi e veriginose pause di sospensione. Il *"Cogito ergo sum"* di Cartesio emerge qui in tutta la sua problematicità ontologica.

Se è il fatto di pensare e di pensarci come esseri pensanti, a fare di noi i più alti rappresentanti di una storia millenaria di evoluzione, viene da chiedersi in primo luogo quanto si possa parlare di coscienza nel caso delle esperienze pre-morte e successivamente, quali siano i limiti e la natura di questa coscienza.

La cultura occidentale ha voluto rimarcare la prioritaria importanza di intelletto e ragione, il ruolo fondamentale svolto dai processi logico-razionali, caratterizzandosi in questo modo come egocentrica, etnocentrica e antropocentrica.

E la scienza moderna, erede di questa prospettiva, ha posto l'enfasi sui processi logico-deduttivi, ambendo a un'oggettività che presenta innumerevoli lacune e limitando i suoi ambiti di indagine per molto tempo in nome di questo dogma.

La cultura occidentale ha iniziato a interrogarsi in termini olistici sulla natura della coscienza, solo un secolo fa, mentre presso le filosofie orientali la consapevolezza della profondità a cui la coscienza può spingersi è presente da circa due millenni.

La caratteristica unitarietà e stabilità della percezione del reale è in realtà la conseguenza di una comparazione di momenti, fisicamente separati in sessioni temporali che avvengono in successione, per cui l'illusione della continuità dell'esperienza cosciente viene mantenuta costantemente attiva.

Anche il dominio fisico dell'esperienza, lungi in fondo dall'essere del tutto oggettivabile, è comunque il risultato di processi che avvengono a livello di fenomenologia soggettiva del percepente.

Applicato al fenomeno delle alterazioni della percezione del tempo che avvengono durante le NDE, si potrebbe ipotizzare che, nel momento in cui i circuiti cerebrali operanti allo scopo di garantire una percezione unitaria della realtà, a causa dell'alterazione dello stato di coscienza che caratterizza le esperienze di pre-morte, vengono meno, con essi anche l'ordinaria percezione che abbiamo del tempo cambi manifestazione soggettiva.

Facco osserva che la realtà in cui siamo immersi non è statica, e lo stesso termine "stato di coscienza" è inadeguato a rispecchiare la natura della coscienza stessa, che è essa stessa un dinamico fluire di impressioni sensoriali provenienti da una molteplicità di input selezionati, di origine sia interna che esterna.

Il presente non ha una sua propria dimensione, così come il tempo in generale, e la percezione cosciente che ne abbiamo è collocabile all'interno di uno spazio discreto che coinvolge primariamente l'attività della memoria di lavoro, che funge da riferimento costante ai fini della comparazione di tutti gli istanti successivi, integrando le stimolazioni sensoriali a livello cerebrale e arrivando poi a farci conseguire quell'impressione di passato presente e futuro, come di momenti che accadono in successione temporale.

Ritenere che la fenomenologia delle esperienze pre-morte appartenga al reame del paranormale o del patologico, considerando cosa la neurofisiologia della coscienza ha scoperto, è quindi profondamente anti- scientifico.

«È altrettanto stupefacente la complessità e l'efficacia del sistema, che è in grado di creare una realtà apparentemente stabile, continua e intelligibile, partendo da una realtà fisica oggettivamente a-dimensionale e sfuggente (il presente)»

(Facco)

Un'ipotesi molto interessante è quella della *"teoria del cervello quantistico (QBT)"*, che prende in considerazione la possibilità che all'interno della normale attività dei neuroni cerebrali siano possibili fenomeni di risonanza quantica: nella letteratura sulla fisiologia della coscienza, sono recentemente stati realizzati studi che hanno vagliato quest'ipotesi[11].

Una tale prospettiva della coscienza apre quindi la strada a uno studio scientifico quantistico sulle NDE, le OBE e altri fenomeni connessi ad alterazioni sensoriali della percezione ordinaria, anche se il loro attuale statuto le relega ancora troppo spesso alla dimensione del paranormale e la loro validità resta comunque molto limitata.

---

[11] Per approfondimento vedi: John (2001), Beck & Eccles (1992), Freitas et al. (2001), Ventegods, Hermansen, Flensborg, Nielsen, & Merrick (2006).

La rivoluzione culturale della fisica moderna, infatti, nel momento in cui ha tentato di superare la visione di stampo positivista e di ridimensionare il paradigma meccanicistico in una direzione post-materialista, ha ricevuto importanti critiche da parte di numerosi fautori del materialismo scientifico.

Una resistenza importante, che ancora nell'epoca moderna, limita sia la portata evolutiva delle ricerche sulla natura della coscienza e le esperienze pre-morte, che la diffusione reale e libera di contenuti che non sono allineati alla visione scientifica materialista.

I casi descritti da Van Lommel e la vasta letteratura contenente testimonianze di NDE durante arresto cardiaco appaiono ancora poco compatibili anche con una visione quantistica della mente, dato che non è mai stata dimostrata la presenza di un'attività della coscienza durante la morte cardiaca.

Gli studi sul funzionamento della coscienza e la sua possibile localizzazione cerebrale, nonostante i passi avanti fatti dalle ricerche neuroscientifiche, devono quindi affrontare una grande sfida, se vogliono davvero far luce su tali fenomenologie.

Alla base delle problematiche che le implicazioni derivanti dalla natura della coscienza hanno sullo studio delle NDE è la domanda:

Le NDE sono attività della coscienza o avvengono al di fuori di essa?

Mays & Mays, come già anticipato, teorizzano che la coscienza, durante le esperienze pre-morte, sia effettivamente collocata al di fuori del corpo.

Secondo tali autori essa, in condizioni ordinarie si trova dentro l'organismo e opera congiuntamente a esso, ma durante l'esperienza pre-morte subisce uno slittamento al di fuori: questa sarebbe la caratteristica fondamentale che accomuna tutte le esperienze NDE.

Testimonianza primaria di questa possibilità sono le descrizioni che molti dei sopravvissuti fanno dell'esperienza OBE, durante la quale riferiscono di osservare il proprio corpo da diversi metri di altezza sopra di esso.

Facciamo inoltre notare che questo *shift* della coscienza avviene in molti casi quando sia il segno clinico di morte cerebrale (encefalogramma piatto) sia quello di morte fisica (respirazione e polso assenti, assenza di riflessi e dilatazione pupillare) sono presenti, come avviene durante l'arresto cardiaco.

La possibilità che la consapevolezza auto-riflessiva possa operare indipendentemente dalla fisiologia corporea, entra in aperto contrasto con le teorie neuroscientifiche sul funzionamento della coscienza. Noi concordiamo con la prospettiva di Mays and Mays, secondo i quali la coscienza è un'entità autonoma, che può operare in piena auto- sufficienza anche quando disconnessa dal corpo. Se le due visioni della natura della coscienza fossero integrate, abbandonando definitivamente l'approccio dualista oppositorio, e sposando una prospettiva interazionista, potrebbe sorgere una nuova concezione della mente che postuli l'indipendenza della coscienza da quei circuiti cerebrali la cui complessità, in un'ottica materialista-riduzionista, rappresenta proprio il presupposto affinché la coscienza stessa si sia potuta manifestare nel corso della storia evolutiva dell'umanità.

"Lo studio delle OBE potrà forse dirci di più su quali siano le eventuali differenze di funzionamento di una coscienza disincarnata"
(Mays & Mays)

Come vediamo, qui non si tratta solo della scelta di sposare una posizione interpretativa delle NDE, ma anche di dare una risposta ad alcune domande fondamentali sulla natura della realtà, della vita e della morte, spostando il focus dell'attenzione dalle cause del fenomeno alla sua natura.

Abbandonare il "cosa" e il "perché", per concentrarci sull'essenza del "come".

Un punto di partenza che, paradossalmente, potrebbe restituirci tutte quelle risposte rimaste sospese al guado di un'indescrivibilità che in gran parte, promana dalla cattiva tendenza della scienza materialistica a ritenere poco plausibile un'origine metafisica dei fenomeni mentali e cerebrali, che si oppone tenacemente all'espansione della conoscenza in questa direzione.

6.3. Problematiche connesse alla definizione di morte cerebrale

Allo stato attuale, l'avanzamento della tecnologia in campo medico, consentendo la sopravvivenza di numerosi pazienti in condizioni critiche, che fino a non molto tempo fa sarebbero deceduti, ha cambiato la prospettiva sulla morte.

La nascita di strumenti sempre più avanzati per l'indagine funzionale della mente inizia a far chiarezza su meccanismi cerebrali prima sconosciuti e ha permesso di estendere la vita oltre quel confine ritenuto invalicabile.

Questo ha cambiato significativamente il modo in cui la morte oggi viene concettualizzata, e ha aperto nuove frontiere di ricerca nell'ambito delle *near-death experiences*.

Ciò che si è andato allargando è il punto in cui quel margine tra l'essere e il non essere può essere concepito e realizzato.

La definizione di morte correntemente più diffusa è:

«La cessazione permanente di tutte le funzioni critiche dell'intero organismo»
(Laureys)

Oggi noi sappiamo che è possibile, ad esempio, portando il corpo umano a temperature bassissime, estendere il tempo di sopravvivenza di persone che hanno avuto un attacco cardiaco, ampliando la finestra temporale tra vita e morte e quindi incrementando notevolmente la possibilità di rianimare i pazienti.

Biologicamente parlando, l'arresto cardiaco e la morte sono in un certo senso sinonimi.

La scienza della rianimazione, nel fornire nuove opportunità di inversione del processo di morte, mediante il riferimento a criteri cardiorespiratori, ha anche generato inavvertitamente intuizioni intriganti sulla probabile esperienza mentale e cognitiva della morte.

Nonostante ciò, data la molteplicità di questioni sollevate sia di ordine medico sia di ordine filosofico su come riuscire a stabilire criteri unanimemente condivisi su cosa sia e quando si realizzi la piena morte cerebrale, non si è ancora pervenuti a una soluzione univoca.

Abbiamo delle definizioni e dei criteri ritenuti utili, ma la presa in carico di evidenze provenienti da casistiche caratterizzate dall'ambiguità, come sono le NDE, ha introdotto e sollevato nuove questioni, allentando alcune certezze storiche sulla morte.

Fino a oggi, il principale criterio per stabilire la morte di una persona è stato basato sulla presenza di attività nel tronco cerebrale, misurata grossolanamente tramite i riflessi.

Non si è operata quindi alcuna distinzione tra cessazione di attività cerebrale nel suo complesso e cessazione dell'attività dei circuiti del tronco encefalico.

In numerose nazioni si usa ancora questo criterio, mentre in altri Paesi, inclusa l'Italia, è necessaria anche un EEG cerebrale (tanatogramma) al fine di rilevare l'attività elettrica residuale del cervello: se non c'è alcuna attività elettrica residua, il paziente è dichiarato morto.

La solidità di questi criteri tuttavia ha iniziato a vacillare dopo alcune evidenze emerse dalla ricerca medico-scientifica, mettendo fortemente in dubbio la forza del connubio morte cerebrale-morte della coscienza.

Annoveriamo alcune delle più rilevanti:

- In un 20% dei casi di decessi una certa attività elettrica permane anche dopo la morte cerebrale.

- In un 5% dei casi, dopo il decesso, i potenziali evocati a livello di tronco cerebrale sono ancora presenti.

- In un 10% dei casi di decessi il flusso ematico cerebrale permane per circa 24 ore dopo il raggiungimento della morte cerebrale del paziente e non si assiste pertanto alla distruzione dei tessuti per tutto quest'arco di tempo.

Date queste evidenze si è ritenuto che utilizzare la cessazione di attività del tronco encefalico come unico criterio per stabilire la morte del paziente non fosse più validamente praticabile. Questo cambiamento prospettico ha avuto risonanza nell'ambito della ricerca sulle *near-death experiences*, dal momento che nella maggior parte degli studi NDE non è stato possibile misurare l'attività cerebrale del paziente, spesso completamente incosciente.

Un'altra questione dibattuta riguarda la possibilità che l'attività della coscienza sia comunque presente anche durante la morte cerebrale.

Considerando tutte le implicazioni che la definizione di morte cerebrale ha sullo studio e l'interpretazione delle NDE, vediamo qui emergere l'enorme complessità della questione affrontata.

7
Teorie in-brain
La visione scientifico-materialista

7.1 Considerazioni preliminari

Una presa di posizione definitiva, quella assunta da Crick nel suo libro *The Ashtonish Hypothesis*, dove egli si mostra chiaramente e radicalmente a favore della tesi riduzionistica secondo cui "tutte le esperienze che la mente fa della realtà sono riconducibili a sottostanti e corrispondenti attivazioni del substrato neurale".

«*L'ipotesi straordinaria è che proprio tu, con le tue gioie e i tuoi dolori, i tuoi ricordi e le tue ambizioni, il tuo senso di libertà personale e il tuo libero arbitrio, in realtà non sei altro che la risultante del comportamento di una miriade di cellule nervose e delle molecole in esse contenute. Come avrebbe potuto dire l'Alice di Carrol: "Non sei altro che un pacchetto di neuroni"*»
(Crick)

Il modello neurobiologico ha sicuramente molti pregi e lo studio dei meccanismi neurochimici, nonostante i suoi molti limiti, quando non sfoci nell'aperta dicotomizzazione tra qualia fenomenologici e aspetti anatomo-funzionali, permette ai ricercatori di valutare alcuni fondamentali e importanti aspetti del funzionamento della mente che altrimenti rimarrebbero sconosciuti.

Il problema dell'eccessiva semplificazione a cui può portare assumere una prospettiva esclusivamente riduzionistica, è far perdere di vista l'essenza dei fenomeni, finendo con il comprenderli solo parzialmente.

La coscienza è emersa nell'uomo come conseguenza di numerosi processi evolutivi e, se accettiamo l'idea che le esperienze pre-morte siano un'espressione di tale attività cosciente, non possiamo esimerci dal prendere in considerazione le implicazioni che conseguono da tutto ciò.

Fino a che punto l'elevata complessità cerebrale dell'uomo possa dar luogo a fenomeni del tutto imprevedibili?

Un interessante esempio ci viene riportato da Facco, che riferendosi alle ricerche che hanno tentato di analizzare la relazione tra l'emergere del genio e l'anatomia cerebrale, segnala come nonostante la molteplicità di studi sulle grandi personalità e geni della storia, non siano mai state individuate specificità anatomiche a carico di tali individui.

Detto in parole povere, il cervello di Albert Einstein, sotto il profilo anatomico, non aveva nulla di significativamente diverso da quello di chiunque altro.

La dimensione fenomenologica della manifestazione evidentemente non può essere del tutto spiegata attraverso un'analisi anatomo-funzionale, per quanto utile essa possa essere sotto altri punti di vista, e alcune cause non sono riducibili né tanto meno spiegabili tramite i riferimenti ai correlati cerebrali.

La scienza ha per molto tempo, in aperto contrasto con la prospettiva religiosa e spirituale, liquidato tutto ciò che non era spiegabile e dimostrabile, come patologia.

Non è tuttavia necessario invocare la presenza di processi mentali patologici, per stabilire un link tra le alterazioni cerebrali e l'esperienza che la mente fa della realtà, dal momento che le esperienze pre-morte, pur rimanendo un aspetto molto suggestivo del funzionamento della coscienza, potrebbero rappresentare una parte integrante dell'attività mentale presa nel suo complesso, da includere nelle sue manifestazioni più creative e insolite.

Se guardiamo la metafisica sotto un profilo non riduzionistico, non possiamo negare che essa possieda una realisticità non da meno di quella posseduta dalla fisica, ma, soprattutto, l'appello a un'oggettività di matrice materialistica porta con sé innumerevoli altri problemi.

Dovremmo ad esempio domandarci quanto i precursori di tale oggettività siano solide basi su cui fondare la presunzione di una certezza assoluta, e quanto in fondo, se confrontata con i limiti intrinseci posseduti da quelle esperienze, come le NDE, che sono soggettivamente condivise, essa non riesca alla fine a darci molto di più in termini di verificabilità.

Etichettare, assegnare un nome ufficiale, implica già di suo la messa a terra definitiva di qualcosa che è solo illusoriamente oggettivo.

"L'oggettività pura, forse, è come la verità: noi possiamo solamente tendere verso di essa, nell'autentica, viscerale ricerca dell'uomo di conoscenza. Pronunciarsi in termini definitivi, oltre che essere più spesso un artificio puramente letterale, di natura assertivista, non porta all'evoluzione di alcuna forma di conoscenza"
(Nera Luce)

Questa considerazione ovviamente ha implicazioni su entrambe le facce della medaglia, poiché comunque in entrambi i casi, sia che decidiamo di sposare una visione materialistica del fenomeno delle NDE, sia che propendiamo per una visione non materialistica o spirituale, la presa di posizione definitiva può eventualmente essere solo una scelta, ma mai una soluzione. Qualsiasi cosa siano veramente le esperienze pre-morte, resterà in parte sempre un interrogativo insoluto e di sostanziale indimostrabilità scientifica, e qualunque ipotesi avanzata, per quanto dettagliata e accurata, manterrà sempre un'intrinseca natura speculativa.

Quando ci troviamo a dover svolgere il difficile compito di definire cosa siano la coscienza, la vita, la morte e le *near-death experiences*, gli ambiti da prendere in considerazione spaziano dalla psicologia alla fisica, dalla filosofia alla religione, fino alla biologia e la medicina.

Noi possiamo indagare utilmente sulle basi organiche dei processi mentali, così come sugli epifenomeni generati dall'attività cerebrale, ma, nonostante ciò il margine non è valicabile con la ragione.

«*la vera definizione della morte cerebrale, implica che la vita in se stessa è Psyche…*»

7.2 Teorie neurobiologiche

Nell'ambito della letteratura scientifica sulle NDE, possiamo a grandi linee individuare due grandi cornici teoriche di riferimento, all'interno delle quali sono state proposte una serie di ipotesi sulla genesi delle NDE, note rispettivamente come interpretazioni "*biologico-psicologiche*" e "*survivalist*". Agrillo propone di chiamare le prime "*in-brain theories*" e le seconde "*out-of-brain theories*". Sotto il nome "*in-brain theories*" vanno tutta una serie di ipotesi neuroscientifiche che hanno considerato la fenomenologia delle NDE come il risultato di una serie di cambiamenti fisiologici, individuata da specifici correlati cerebrali, riducendo l'origine delle NDE alla sola attività cerebrale.

Tra queste alcune hanno avuto maggiore successo e sono state oggetto di successive conferme da parte di molteplici studi, altre sono ipotesi molto interessanti che sono state avanzate il cui peso è rimasto limitato, sia a causa delle scarse conferme empiriche ricevute, sia a causa del limitato numero di casistiche prese in considerazione.

Per quanto riguarda le interpretazioni "*survivalist*", esse, pur ammettendo al loro interno la possibilità che vi possano essere aspetti delle NDE spiegabili facendo riferimento al ruolo degli elementi biologici e psicologici, non accettano la visione riduzionistica sposata dalle "*in-brain theories*".

Da un altro punto di vista, questo dispiegamento di posizioni è concettualmente sovrapponibile al più ampio dibattito, in filosofia della mente, sul problema del rapporto tra mente e corpo, di cui le teorie "*in-brain*" rappresenterebbero la posizione monista.

Da questo possiamo individuare un primo gruppo di teorie avanzate circa le possibili cause di NDE: alcune di queste ipotesi, presentandosi in letteratura scientifica in modo più esteso, meritano un maggiore approfondimento tematico, altre saranno brevemente descritte.

Di seguito riporto uno schema illustrativo di esse.

- Coinvolgimento del neuromodulatore agmantina (Halaris & Plietz, 2007; Facco, 2010)

- Anossia cerebrale (Lempert, Bauer, & Schmidt, 1994)

- Ipossia (Blackmore & Troscianko, 1988; Blackmore, 1996)

- Ipercapnia (Meduna, 1950; Klemenc-Ketis, 2010)

- Rilascio massivo di endorfine (Carr, 1981; Morse, 1990)

- Liberazione incontrollata di glutammato e blocco dei recettori NMDA (Jansen, 1989; Facco, 2010)

- Ipotesi del coinvolgimento dei circuiti neurotrasmettoriali serotoninergici (Persinger, 1983)

- Ipotesi del coinvolgimento di agenti psicotropi, tra cui ketamina, fenciclidina (Jasper & Rasmussen, 1958; Corazza & Schifano, 2010) e dimetiltriptamina (Potts, 2012)

- Alte concentrazioni di potassio e anidride carbonica (Klemenc-Ketis et al., 2010)

- Alterazioni a carico del lobo temporale (Daly, 1975; Devinsky, Feldman & Burrowes, 1989; Jasper & Rasmussen, 1958; Penfield, 1955; Facco, 2010)

- Intrusione di stati di sonno REM (Nelson, Mattingly, Lee, & Schmitt, 2006)

- False memorie (Garry, Manning, Loftus, & Sherman, 1996; Loftus, 2001; Braithwaite, 2008; Martial et al., 2017)

Principali teorie "in-brain" neurobiologiche

7.2.1 Ipotesi del rilascio massivo di endorfine

Le endorfine sono neuropeptidi proteici che si comportano come neurotrasmettitori, prodotti dal nostro organismo in risposta a condizioni dalla valenza altamente stressogena per il corpo e per la mente: nel midollo spinale e nel cervello ci sono le più alte concentrazioni di questi neuropeptidi.

Il meccanismo responsabile del loro rilascio, in condizione di stress, è l'aumento di CRF o fattore di rilascio corticotropo nel sangue, che a sua volta stimola l'ipofisi anche a produrre endorfine, contribuendo all'innalzamento della soglia del dolore.

Secondo alcuni autori sperimentare un'intensa paura per la propria morte stimola una massiccia liberazione di questi neuropeptidi a scopo funzionale e da ciò consegue la sensazione di estrema piacevolezza e beatitudine tipicamente associata alle esperienze pre-morte.

7.2.2 L'ipotesi dell'anossia cerebrale

Questa ipotesi, indagata da Blackmore & Toscianko, ha molte implicazioni fisiologiche, proprio a causa delle numerose alterazioni del funzionamento cerebrale che subentrano quando il cervello è privato di ossigeno.

L'anossia, ossia il fenomeno di deplezione di ossigeno ai tessuti cerebrali, può essere causata da una serie eterogenea di fattori, e si associa a confusione, traumi, deprivazioni sensoriali, alcune patologie neurologiche e abuso di droghe.

Dal punto di vista degli studi che si sono interessati alle possibili cause fisiologiche delle NDE, sono in particolar modo tre le conseguenze cerebrali dell'anossia che rientrano nel nostro interesse:

- **Disinibizione neuronale**
- **Ischemia retinica**
- **Iper-attivazione del sistema limbico**

L'anossia è la causa di più comune riscontro della disinibizione neurale, ossia la perdita della capacità inibitoria che alcune aree cerebrali normalmente esercitano sui circuiti neuronali. Questo comporta un'incontrollata attivazione neurale, che potrebbe spiegare molti dei fenomeni tipici nelle esperienze pre-morte, in particolar modo la visione del tunnel e della luce.

Quando la dinibizione neuronale si estenda al sistema limbico, che è notoriamente coinvolto nelle emozioni e nella formazione delle memorie emotive, essa potrebbe condurre a un'iperattivazione dei circuiti connessi alla memoria, provocando il fenomeno della rivisitazione panoramica della propria vita.

L'attività ipertrofica del sistema limbico concorrerebbe quindi all'abnorme processo rievocativo in tempi rapidissimi tipicamente descritto durante le NDE.

La disinibizione corticale conseguente all'anossia è responsabile anche dell'ischemia retinica, a seguito della quale l'intensa attivazione dei campi recettoriali responsabili della visione foveale e periferica concorrerebbe alla formazione di un'illusione visiva avente caratteristiche simili a quelle riscontrate nelle descrizioni che i rianimati fanno della visione del tunnel.

Facco critica la plausibilità scientifica dell'ipotesi della genesi retinica, adducendo la grande variabilità fenomenologica delle descrizioni e proponendo di considerare un'origine più profonda, in sede nervosa centrale, coinvolgente anche altre aree cerebrali oltre a quelle occipitali. In questa prospettiva il coinvolgimento delle aree periferiche della retina non viene escluso del tutto, ma viene considerato come evento aggiuntivo che solo in un secondo momento potrebbe concorrere alla genesi della fenomenologia del tunnel.

7.2.3 L'ipotesi glutammatergica e il ruolo dei recettori NMDA

Partiamo dal considerare il fondamentale ruolo che il glutammato ha nella maggior parte dei fenomeni di comunicazione cellulare, configurandosi in questo senso come il principale neurotrasmettitore ad azione eccitatoria del sistema nervoso centrale.

Il glutammato ha una struttura molecolare piuttosto complessa e comprende tre recettori ionotropici, tra cui l'NMDA, che è il suo principale sito di legame.

L'interazione tra glutammato e recettori N-Metil-D-Aspartato (NMDA) è causa di eccitotossicità quando le concentrazioni di acido glutammico sono troppo elevate.

In un organismo che verte in condizioni critiche, come possono essere i casi NDE dovuti ad arresto cardiaco o lesioni cerebrali acute, l'ipossia sembra determinare un aumento incontrollato dell'espressione recettoriale del glutammato a livello cerebrale.

L'iperattivazione glutammatergica svolgerebbe quindi un ruolo fondamentale sia nella genesi del danno tessutale sia nella sua progressione.

Più nello specifico i processi biochimici che seguono l'iperattivazione glutammatergica, attivando fenomeni diffusi di apoptosi cellulare, candidano il glutammato a essere uno dei principali effettori dell'evoluzione del danno eccitotossico.

Le ipotesi relative alle implicazioni del glutammato nella fenomenologia delle NDE sono state estese anche allo studio del comportamento cerebrale in seguito al blocco dei recettori NMDA. L'eccitotossicità conseguente a una liberazione eccessiva di glutammato può essere infatti contenuta tramite la somministrazione di sostanze che agiscono con funzione protettiva, come sono ad esempio la ketamina e la fenciclidina, la cui azione si esplica quando tali sostanze si legano al recettore NMDA, esercitando un'azione antagonista sull'attività del glutammato. Una recente indagine di Faustman (1999), che ha confermato la relazione inversa sussistente tra severità dei sintomi positivi della schizofrenia e rilascio di glutammato nel fluido cerebrospinale, ha aperto la strada a una serie di studi che hanno sfruttato proprio gli effetti psicotomimetici della ketamina, per meglio comprendere le implicazioni neurotrasmettitoriali nelle esperienze pre-morte.

Ketamina e fenciclidina sono molecole la cui struttura è molto simile, e sono state entrambe prese in considerazione, sia per la comparabilità dei loro effetti con le esperienze NDE, sia in virtù delle loro implicazioni terapeutiche nei casi di danno cerebrale di natura ipossica-ischemica. È possibile avanzare l'ipotesi che l'uso di questi farmaci a scopo di contenimento del danno eccitotossico possa spiegare alcuni aspetti della fenomenologia delle NDE, dati i loro già noti effetti collaterali come allucinazioni e sintomi dissociativi.

Attraverso questi studi è stato anche messo in evidenza il ruolo che i recettori NMDA hanno nella formazione e nel consolidamento delle memorie e nelle psicosi.

Siegel (1980) suggerisce che parte delle nostre memorie siano normalmente soppresse dall'accesso continuo che noi abbiamo alla stimolazione ambientale, che tenendo occupati gran parte dei nostri processi cerebrali, inibirebbe l'accesso ad alcune tipologie di memorie.

Se ciò è plausibile, il contenimento delle informazioni sensoriali esterne causato dal blocco dei recettori NMDA, faciliterebbe la rievocazione dinamica di ricordi sepolti.

Facco (2010) e Halaris (2007) riconoscono anche un importante ruolo dell'agmantina, neuromodulatore che si comporta da antagonista del glutammato, andando ad agire, come già accennato per ketamina e la fenciclina, sul recettore NMDA.

Sembra che l'agmantina venga rilasciata quando l'organismo si trova sottoposto a condizioni di grande stress fisiologico operando con funzione neuroprotettiva rispetto al danno eccitotossico. Nonostante le implicazioni terapeutiche derivanti dal potenziale uso di questo neuromodulatore, non è stata fatta ancora sufficientemente chiarezza sulla possibilità che l'agmantina possa essere responsabile degli stati dissociativi frequentemente presenti nelle esperienze di NDE.

Allo stato attuale, le conoscenze che possediamo circa il coinvolgimento dei neurotrasmettitori nella genesi delle NDE vanno considerate a titolo speculativo, come delle utili linee guida, ma sono necessari ancora moltissimi approfondimenti prima di arrivare a formulare spiegazioni definitive.

7.2.4. Ipotesi dell'intrusione del sonno REM

Quando parliamo di funzioni elettriche del cervello da un punto di vista neurofisiologico, ci stiamo riferendo a una proprietà intrinseca dei suoi costituenti, nota nella letteratura come eccitabilità delle cellule nervose: l'attività integrata di tali cellule va a costituire sistemi complessi cerebrali o network, che sono il substrato biologico da cui poi origina l'esperienza fenomenica che la mente fa di qualcosa. L'attività elettrica del cervello, presa nel suo complesso, è molto variabile, cambia la sua localizzazione a seconda dell'attività svolta in un dato momento, sulla base dello stato dell'organismo e della condizione cerebrale in cui si trova l'individuo.

Più nello specifico, l'attività cerebrale può essere rappresentata sulla base della sua frequenza, le cui modifiche nel tempo, ampiezza e localizzazione sono misurabili tramite EEG (elettroencefalogramma). Distinguiamo cinque bande di frequenza che alternano la loro attività (vedi Tabella sottostante). Durante il sonno, l'attività elettrica del cervello, rispetto alla veglia, ha un notevole rallentamento, fino ad arrivare, negli stati più profondi, a toccare la banda delta.

BANDA	FREQUENZA (Hz)	TRACCIATO
Delta	<4	
Theta	4-8	
Alfa	8-13	
Beta	13-25	
Gamma	25-50	

Bande di frequenza del tracciato EEG

Esiste una fase del sonno nota come REM (*Rapid Eyes Movement*) dove l'attività cerebrale accelera nuovamente avvicinandosi alle frequenze della banda gamma, caratterizzata dal processamento attivo delle informazioni: è il periodo del sonno durante il quale avvengono i sogni.

Uno studio di Nelson et al. (2006), che ha indagato l'alternanza delle frequenze cerebrali in un campione di 55 persone, ha mostrato una corrispondenza significativa tra la predisposizione a entrare nella fase del sonno REM e la predisposizione a sperimentare NDE.

Tali autori hanno quindi concluso, dopo questa ricerca, che l'intrusione di stati REM svolge un ruolo fondamentale nel manifestarsi delle esperienze pre-morte, ipotizzando che essi siano la causa di molte delle visioni che i pazienti riportano.

È anche possibile, guardando questa teoria da un altro punto di vista, che la predisposizione cerebrale alle frequenze sia un fattore facilitante per l'emersione di percezioni illusorie.

Sempre seguendo questa linea teorica, Britton & Bootzin (2004) hanno riscontrato delle anomalie nell'attività elettrica del lobo temporale in coloro che avevano fatto precedente esperienza di NDE, quando confrontati con un gruppo di controllo non-NDE, avanzando l'ipotesi che l'alterata funzionalità del lobo temporale possa essere strettamente connessa alle alterazioni che gli stessi soggetti mostrano di avere nei pattern di attività cerebrale durante il sonno. Dal momento che il ruolo delle intrusioni oniroidi è già ampiamente noto alla letteratura medica per quanto riguarda molti altri stati di coscienza neuropatologicamente alterata, come ad esempio durante la crisi narcolettica, il delirium tremens e le manifestazioni connesse al Parkinson, i sostenitori di questa tesi hanno effettuato sia analisi comparative sia analisi di contrasto, tra i pattern di attività corticale durante la fase REM del sonno, e alcuni aspetti della fenomenologia delle esperienze pre-morte.

L'ipotesi che ha orientato tali analisi, più nello specifico, era che se ci sono corrispondenze significative tra alcune delle componenti NDE e i patterns di attività tipici delle frequenze REM, allora, data la presenza di attività REM anche in altre condizioni già studiate e dalle consolidate evidenze, la fenomenologia riscontrabile nelle esperienze pre-morte non è solo una prerogativa di questo fenomeno.

In particolar modo, gli elementi delle NDE che sono stati presi in considerazione riguardano l'esperienza OBE, le visioni, le sensazioni di profonda piacevolezza e tutte le caratteristiche tipicamente trascendentali che connotano i resoconti dei sopravvissuti.

La possibilità di un riscontro fenomenologico simile in altre condizioni induce a pensare che la fenomenologia NDE possa essere spiegata facendo riferimento all'ipotesi dell'intrusione di stati oniroidi durante una condizione di coscienza alterata.

Sono inoltre noti casi in cui la percezione di un'intensa paura a seguito dell'esposizione a un grave pericolo può indurre un'attivazione neurale capace di generare stati REM.

Nel caso di Pam Reynolds, ad esempio, una delle critiche alla plausibilità che ci sia stata una vera esperienza OBE adduce la possibilità che a fronte di un'anestesia non sufficientemente profonda e un monitoraggio inadeguato dell'attività elettrica, la paziente sia stata in grado di elaborare le informazioni sonore che provenivano dalla sala operatoria durante l'intrusione di uno stato REM di coscienza.

7.2.5 L'ipotesi della suscettibilità di false memorie

La facilità con cui è la mente è portata a creare false memorie è già nota alla letteratura clinica per le sue importanti implicazioni etiche in ambito clinico.

Sulla scorta delle numerose conoscenze che si hanno sulla relativa facilità con cui vanno formandosi le false memorie, alcuni autori suggeriscono che non è possibile escludere che alcuni pazienti sopravvissuti, avendo già sentito parlare delle esperienze pre-morte o essendosi precedentemente informati su di esse, abbiano formato un'aspettativa su come la avrebbero vissuta se fosse capitato a loro, e questa aspettativa, elaborata inconsciamente, abbia successivamente influenzato la rievocazione delle memorie relative alla loro esperienza.

Alcuni studi hanno infatti evidenziato come anche il solo coinvolgimento del processo immaginativo, quando intensamente proiettato su fatti che non sono realmente accaduti e in certe condizioni predisponenti, può portare a convincersi che gli eventi immaginati siano stati reali.

Le false memorie sarebbero successivamente oggetto degli stessi processi rielaborativi cui normalmente vanno incontro le normali memorie di eventi realmente verificatisi.

Ci sono ovviamente condizioni e strutture di personalità che predispongono a diversi livelli di suscettibilità verso questo fenomeno e, in relazione alle NDE, è significativo un dato: la tendenza a episodi dissociativi correla in modo significativo sia con la formazione delle false memorie sia con la frequenza di resoconti di esperienze pre-morte.

Il valore di questa ipotesi, per poter essere compreso pienamente, necessita di ulteriori spiegazioni circa il funzionamento della memoria.

Non si tratta di reclutare questioni inerenti all'inefficienza mentale o ai difetti rievocativi cui sono esposte più o meno tutte le nostre memorie quotidiane.

La formazione di falsi ricordi è una vera e propria creazione di un ricordo completo, accompagnato dal fare esperienza delle emozioni che lo hanno contraddistinto, che la persona crede fermamente appartengano alla sua storia personale e che non è facile cancellare una volta formatisi.

Affinché si formi la memoria di qualcosa, ci devono essere in primo luogo degli stimoli da codificare, siano essi interni o esterni, e successivamente a tale codifica, durante il processo di elaborazione delle informazioni, si deve creare a livello neurale una corrispondente rappresentazione mentale di quell'evento all'interno della memoria.

Tutti questi processi, codifica, elaborazione, immagazzinamento, necessitano però di un investimento in termini energetici da parte dei network cerebrali.

Pensiamo ad esempio al fatto che, nel suo complesso, l'attività elettrica del nostro cervello consuma circa la metà di tutto il glucosio e di tutto l'ossigeno cerebrale e che il cervello, a sua volta, consuma il 20% del glucosio dell'intero organismo.

Infatti, la principale critica da parte dei teorici delle *"out-of-brain theories"* è che un cervello prossimo alla morte, o nelle condizioni in cui si trovano spesso i pazienti, non è in grado di sostenere il dispendio energetico richiesto da un'allucinazione visiva e non è sufficientemente stabile.

Diventa inoltre problematico comprendere, nella fase di immagazzinamento nella memoria, senza nessuna stabilità elettrica cerebrale, quali siano esattamente le aree coinvolte e dove venga immagazzinato il ricordo.

Dal momento che la conoscenza dei meccanismi cognitivi che sono alla base della fenomenologia delle esperienze pre-morte è ancora piuttosto scarsa, l'ipotesi delle false memorie può, secondo alcuni autori, delucidarci circa il modo in cui la memoria opera durante le esperienze NDE.

Consideriamo ad esempio il fatto che molte persone usano in modo inefficiente i loro meccanismi di monitoraggio della realtà e sono così portate a operare in modo distorsivo sui loro ricordi.

Questa consapevolezza potrebbe condurci a una maggiore chiarezza sui meccanismi top-down di influenza cognitiva implicati nella fase di rievocazione dell'esperienza NDE.

Secondo Dell'Olio, se consideriamo i ricordi delle esperienze pre-morte come dei falsi ricordi, siamo anche in grado di spiegare come mai molti rianimati ne parlino come se si trattasse di un evento accaduto davvero, di natura indubitabile, di cui non sono disposti a rinnegarne la veridicità.

In molti resoconti, inoltre, l'esperienza pre-morte viene descritta come qualcosa che è accompagnato da un senso di realtà mai sperimentato in precedenza, molto più reale del reale stesso.

Un recentissimo studio pioneristico di Martial (2017) ha utilizzato il paradigma DRM[12] per indagare la suscettibilità alla produzione di false memorie in pazienti che sono sopravvissuti al coma e che hanno avuto una NDE.

I risultati mostrano che nei pazienti che hanno avuto NDE, quando confrontati con le prestazioni di un gruppo di controllo che non ne ha avute, la suscettibilità alla formazione di false memorie è accompagnata più frequentemente dalla rievocazione di avvincenti e dettagliati ricordi illusori. Tra i fattori che possono aumentare la suscettibilità alle false memorie, ci siano il buon umore e in generale la presenza di emozioni positive: una condizione di benessere e umore positivo induce una risposta cerebrale meno schematica e più generalizzata, una maggiore elasticità mentale, favorendo così la formazione di false memorie.

Dal momento che le esperienze NDE sono accompagnate da sensazioni di estremo benessere e gli effetti positivi sull'umore si mantengono persistentemente stabili anche per molto tempo dopo l'esperienza

---

[12] DRM è l'acronimo composto dai nomi degli autori hanno creato questo paradigma: Deese-Roediger-McDermott. Attraverso di esso si studiano le illusioni di memoria in ambito sia cognitivo sia neuroscientifico. Lo scopo del paradigma è indurre una falsa memoria basandosi sulla convergenza di più associazioni semantiche su una sola parola.

pre-morte, è possibile che coloro che hanno avuto una NDE siano maggiormente predisposti alla formazione di false memorie.

Nonostante i risultati emersi dallo studio pioneristico di Martial, non si può concludere con certezza che le NDE sono ricordi illusori, dal momento che la fenomenologia delle esperienze premorte è molto ampia e complessa, e la dimensione delle memorie rappresenta solo una parte di essa.

Ricordiamo, inoltre, che la ricchezza di dettagli specifici con cui sono descritti i resoconti dei sopravvissuti, in particolar modo di natura episodica, è di gran lunga maggiore di quella che caratterizza mediamente tutte le altre memorie della vita.

Gli autori, per spiegare questa discrepanza, avanzano l'ipotesi che i ricordi delle NDE abbiano caratteristiche idiosincratiche e in questo senso differiscano da qualunque altra tipologia di ricordo.

Tra le caratteristiche peculiari delle NDE, sono infatti annoverabili la grandissima solidità, vividezza e stabilità delle tracce mnestiche, che possono rimanere inalterate rispetto al ricordo originale anche dopo 20 anni.

L'ipotesi delle false memorie, pertanto, presenta molte luci e molte ombre – come d'altronde dovrebbe essere ogni conoscenza scientifica che voglia superarsi davvero – e apre nuovi interrogativi sulla relazione che intercorre tra coscienza e memoria.

Essa ci offre un'interpretazione cognitiva utile a orientare la ricerca verso una più completa ed esaustiva comprensione dei meccanismi implicati nella formazione delle memorie durante l'esperienza premorte.

7.2.6 L'ipotesi dell'ipercapnia

Con il termine *ipercapnia* ci si riferisce all'aumento nel sangue della concentrazione di anidride carbonica (CO_2).

L'anidride carbonica viene prodotta dall'organismo in qualità di prodotto di scarto, come conseguenza dei processi metabolici delle cellule.

In condizioni normali, quando entra nei liquidi corporei, dà luogo all'acido carbonico, che viene poi eliminato dall'attività di respirazione polmonare.

L'ipercapnia può essere causata da ipoventilazione, dalla presenza di malattie polmonari, in condizioni di diminuito stato di coscienza e si può verificare anche durante episodi di annegamento o a causa dall'esposizione ad ambienti contenenti livelli di anidride carbonica troppo alti.

Se l'anidride carbonica non viene smaltita dall'organismo, l'acido carbonico si accumula nel sangue generando una condizione di acidosi respiratoria potenzialmente fatale.

In relazione all'ipotesi dell'ipercapnia, vi è un ampio conflitto di opinioni e di evidenze, anche all'interno degli stessi ricercatori a favore del modello riduzionistico "*in-brain*".

Lo studio di Klemenc-Ketis (2010), indagando le differenze nei livelli di anidride carbonica di rianimati, individua delle differenze significative tali da indurre a ipotizzare che l'ipercapnia possa essere una possibile causa delle NDE.

Evidenze non a favore di questa ipotesi provengono invece da Parnia et al. (2001) che, non riscontrano queste differenze tra coloro che hanno avuto una NDE e coloro che non la hanno sperimentata.

Greyson fa notare che queste ricerche si sono focalizzate sui livelli di anidride carbonica nel sangue e come questo criterio non sia necessariamente estendibile alle condizioni cerebrali.

Se da una parte la critica di Greyson appare fondata, Parnia & Fenwick ribattono come l'ipoperfusione cerebrale conseguente all'arresto cardiaco, limitando l'apporto di ossigeno cerebrale, faccia conseguentemente aumentare anche i livelli dell'anidride carbonica circolante a livello cerebrale e periferico.

7.2.7 Il ruolo del lobo temporale nella genesi delle NDE

Il ruolo del lobo temporale nella genesi di numerose componenti delle esperienze pre-morte è stato ampiamente preso in considerazione dalla letteratura, per le numerose funzioni che questa area cerebrale svolge e per il suo coinvolgimento in numerosi processi psicologici, fisiologici e patologici, aventi numerose analogie con la fenomenologia delle NDE.

L'attivazione dei circuiti neurali nel lobo temporale è infatti all'origine di molteplici fenomeni di distorsione temporale, stati REM e intrusioni oniroidi ed è verosimilmente implicata nei processi di comprensione profonda del significato delle esperienze.

La stimolazione del lobo temporale può inoltre produrre fenomeni allucinatori, flashback di memoria, fino a fenomeni di autoscopia ed esperienze fuori dal corpo.

Vi sono numerose evidenze circa l'importante ruolo che il lobo temporale svolge nella genesi di esperienze sia mistiche che religiose.[13]

A livello di anatomia cerebrale, il lobo temporale si trova al di sotto del solco laterale e confina con il lobo parietale a livello di giro angolare.

Tale localizzazione era già stata presa in considerazione nel capitolo dedicato alla fenomenologia OBE nella cui genesi è stato evidenziato il possibile coinvolgimento di aree cerebrali che si trovano a livello di giunzione temporo-parietale.

Chiedendo ad alcuni soggetti di immaginare posizioni del corpo simili a quelle che sono descritte nei resoconti di OBE, si osserva una contemporanea attivazione selettiva della giunzione temporoparietale destra.

In letteratura è riportato il caso di un paziente di 63 anni, che dopo essere stato sottoposto a una stimolazione elettrica del giro temporale superiore ha sperimentato una esperienza OBE. Lo studio di De Ridder et al. (2007) si è spinto oltre questa evidenza, creando un paradigma sperimentale in cui al paziente viene chiesto di premere un tasto ogni volta che la sua esperienza OBE termina, registrando, per tutta la durata della sua esperienza, i correlati neuroanatomici coinvolti, tramite PET. Dai risultati è emersa l'attivazione della giunzione temporo-parietale. Alcuni autori hanno ipotizzato che l'esperienza OBE e l'autoscopia possano avere la stessa origine, ma l'ampliamento delle conoscenze neuroscientifiche al riguardo e la quantità di ricerche sui correlati cerebrali delle NDE hanno chiarito

---

[13] *Per approfondimenti vedi: Daly (1975), Devinsky et al. (1989), Jasper & Rasmussen (1958).*

la sostanziale differenza tra i due fenomeni. Lo studio delle lesioni cerebrali e delle conseguenze di tali lesioni, così come l'impiego di analisi comparative che sfruttano gli effetti psicomimetici di alcune sostanze, sono stati molto utili nell'ambito della ricerca sulle NDE, poiché hanno costituito dei validi modelli simulativi di partenza nelle indagini sull'origine delle esperienze pre-morte.

La scoperta di numerose connessioni tra lobo temporale e sistema limbico ha permesso di comprendere meglio alcune conseguenze delle lesioni temporali, tra cui la rievocazione di ricordi antichi non più richiamabili in condizioni di ordinaria coscienza.

Il sistema limbico è stato chiamato in causa, nelle spiegazioni delle NDE, anche per l'ipersensibilizzazione neuronale cui va incontro durante l'anossia, in relazione al fenomeno della rievocazione panoramica della propria vita.

Lo specifico coinvolgimento dei neuroni del lobo temporale nell'ambito di un più generale quadro di iperattivazione neuronale a seguito di ipossia cerebrale era inoltre già noto alla letteratura scientifica.

Considerando che il lobo temporale, quando stimolato, è responsabile della riemersione di memorie latenti, di non facile disponibilità, se aggiungiamo a questa evidenza le implicazioni derivanti dalla sua connessione con il sistema limbico, siamo nelle condizioni di poter fare un principio di chiarezza sui correlati cerebrali di alcuni componenti ricorrenti dei resoconti di esperienze pre-morte.

Forse il ruolo più evidente che il lobo temporale svolge nella genesi delle esperienze NDE riguarda il suo importante coinvolgimento nelle esperienze mistico-religiose e nell'epilessia del lobo temporale.

Alcuni autori hanno rilevato una significativa corrispondenza tra la stimolazione elettrica dei circuiti neuronali del lobo temporale e il verificarsi di episodi convulsivi in pazienti con epilessia, durante i quali i pazienti riportano spesso il verificarsi di esperienze mistiche.

Durante le crisi epilettiche del lobo temporale sono stati descritti sintomi quali illusioni percettive, allucinazioni complesse, alterazioni del funzionamento cognitivo, fenomeni di *de ja vu* e anche fenomeni autoscopici.

Come vediamo, si tratta di una fenomenologia sintomatica che è ampiamente sovrapponibile a quella dei resoconti presenti nella letteratura sulle NDE.

Crisi epilettiche ed esperienze pre-morte hanno inoltre in comune i profondi effetti trasformativi che esercitano sulla dimensione dell'attitudine spirituale di coloro che li hanno sperimentati. Sotto il profilo neurotrasmettitoriale, sembra che durante le crisi epilettiche avvenga una liberazione incontrollata di glutammato, sulla cui neurotossicità avevamo già precedentemente parlato in merito all'ipotesi glutammatergica.

"Come vediamo, ad una più ampia panoramica, la conoscenza della fisiologia cerebrale dei disturbi e delle alterazioni di natura neurochimica, è in grado di fornirci indizi speculativi di grandissima rilevanza in merito alle funzionalità cerebrali correlate a eventi mentali che per la scienza hanno sempre rappresentato territori ibridi di conoscenza tra indefinibilità e mistero"
(Nera Luce)

Uno studio di Britton & Bootzin (2004), basandosi proprio sulle somiglianze tra epilessia e NDE, ha confrontato il funzionamento del lobo temporale di pazienti che hanno avuto NDE con un gruppo di controllo senza NDE, ipotizzando un riscontro maggiore di attività epilettiforme in coloro che hanno avuto esperienze pre-morte.

Più nello specifico, la maggiore presenza di onde di frequenza elettrica compatibili con un quadro di anomalie epilettoformi sembra essere a carico dell'emisfero destro: il che fa pensare alla possibilità di una specializzazione emisferica per quanto riguarda le credenze non–materialistiche possedute dagli individui.

Persinger, a tale riguardo, propone il coinvolgimento delle regioni sottocorticali del lobo temporale destro per quanto riguarda esperienze associate all'emergere di credenze dal carattere più religioso e la mediazione da parte del lobo temporale sinistro per quanto riguarda invece credenze relative al paranormale.

Più nello specifico, se nel caso delle credenze nel paranormale sembrano coinvolti episodi transitori di stimolazione delle aree cerebrali implicate, le esperienze religiose richiederebbero un'attivazione più massiccia delle strutture cerebrali, come confermato dalla maggiore prevalenza di sintomi epilettiformi del lobo temporale nei soggetti con credenze religiose.

Persinger arriva a postulare che le strutture profonde del lobo temporale possiedano un'intrinseca labilità strutturale e per questo siano particolarmente sensibili ad avvenimenti molto intensi o particolarmente critici e stressanti (come ad esempio gravi traumi o essere in pericolo di morte) capaci di generare a livello temporale microfenomeni epilettiformi.

Per quanto riguarda la visione della luce durante le esperienze NDE, Beauregard et al. (2009) hanno misurato l'attività elettrica cerebrale di pazienti rianimati mentre svolgevano un compito di visualizzazione in cui dovevano immaginare di connettersi alla luce che avevano visto durante la loro esperienza pre-morte.

Dalle misurazioni ottenute tramite risonanza magnetica funzionale ed elettroencefalogramma, è stata osservata la presenza di cambiamenti emodinamici e neuroelettrici in molteplici regioni cerebrali, incluso il lobo temporale.

Il monitoraggio dell'attività elettrica ed emodinamica dello stato di meditazione, in questo studio, ha evidenziato il coinvolgimento di regioni cerebrali già note per essere implicate in numerosi processi di attenzione immaginativa, nelle esperienze di natura spirituale e nella genesi di stati mentali accompagnati da emozioni positive.

Da questa serie di analisi è possibile concludere con sufficiente certezza che i candidati principali a livello cerebrale delle esperienze mistiche nelle NDE, date sia le evidenze sugli studi che si sono focalizzati su coloro che hanno avuto un'esperienza pre-morte, sia quelli che hanno indagato la neurofisiologia dell'epilessia, siano circuiti che coinvolgono le strutture del lobo temporale. Nonostante questi importanti risultati, Facco si pronuncia a favore di una prospettiva che non vada riducendo tutti i fenomeni cerebrali apparentemente inspiegabili scientificamente ad alterazioni dalla connotazione patologica, dal momento che non è possibile escludere a priori l'esistenza di modalità realizzative di diversa origine.

7.2.8 Effetti psicomimetici di ketamina e fenciclidina

Ketamina e fenciclidina sono stati presi largamente in considerazione negli studi sui correlati cerebrali delle NDE, per la somiglianza tra molti loro effetti e la fenomenologia pre-morte. Ketamina e fenciclidina fanno entrambe parte della categoria degli anestetici non barbiturici e possiedono strutture molecolari simili.

L'uso della fenciclidina (PCP) come anestetico in ambito medico è iniziato negli anni Cinquanta, per poi essere abbandonato a causa dei suoi effetti allucinogeni e neurotossici.

La ketamina, sintetizzata nel 1962, ha successivamente rimpiazzato l'impiego di PCP, per la sua maggiore sicurezza d'impiego.

La sostituzione della ketamina non è stata tuttavia esente da problematiche connesse agli effetti collaterali, anche se complessivamente meno gravi di quelli derivanti dalla somministrazione di fenciclidina.

In uno studio di Strayer et al. (2008) emerge che il 10-20% di pazienti dopo l'anestesia ketaminica ha avuto effetti dissociativi e allucinatori al risveglio.

Ciononostante l'uso della ketamina a scopo anestetico è considerata relativamente sicura, al punto che viene usata anche per le anestesie nei bambini.

Sia la fenciclidina che la ketamina esplicano la loro azione tramite la loro potente azione antagonista sul rilascio del glutammato e alcuni studi hanno messo in evidenza come sia la fenciclidina sia altri antagonisti del glutammato, quando somministrati a individui sani, possono dare luogo a sintomi simili a quelli della schizofrenia o condurre a stati psicotici.

L'uso stupefacente di ketamina è stato in gran parte motivato dalle proprietà allucinogene di questa sostanza, portando negli ultimi anni a un crescente fenomeno di impiego di tale sostanza in qualità di droga psichedelica.

Tra i più importanti effetti tossici causati dalle proprietà anticolinergiche della ketamina ci sono alterazioni dei processi di memoria e apprendimento.

Alcuni autori si sono spinti ad affermare che il termine "allucinogeno" non sia adeguato per descrivere gli effetti che la ketamina determina, poiché l'amplificazione delle sensazioni empatiche, l'emergere di memorie e ricordi remoti, l'estasi religiosa, per citare alcuni tra gli effetti della ketamina, ne fanno un'esperienza che ha una connotazione fortemente spirituale: essa rappresenta un'esperienza che va ben al di là di una mera allucinazione visiva.

Secondo Timothy Learly la ketamina è la droga psichedelica da cui deriva la maggior profondità di esperienza sperimentabile tramite uso di sostanze psicotrope.

Partiamo dal considerare che quando l'ipotesi ketaminica fu presa in considerazione, non si avevano sufficienti conoscenze circa i meccanismi recettoriali implicati nei suoi effetti allucinogeni, non essendo chiaro se fossero i recettori sigma o quelli NMDA a essere coinvolti. Oggi invece sappiamo con certezza che sono i recettori NMDA del glutammato, quelli tramite cui si esplica l'azione antagonista della ketamina.

Ed è proprio per questo motivo che lo studio degli effetti di questa sostanza è stato introdotto come ipotesi interpretativa in relazione ad alcuni aspetti fenomenologici delle esperienze premorte.

In primo luogo, tra le possibili spiegazioni neurochimiche delle NDE, l'ipotesi del danno eccitossico conseguente a un'eccessiva liberazione di glutammato mette in rilievo la funzione protettiva svolta da alcune sostanze che si comportano come inibitori dei recettori NMDA, come la ketamina, o come mediatori endogeni protettivi, come l'agmantina.

L'altro motivo, già citato all'inizio del paragrafo, per cui ketamina e fenciclidina hanno suscitato interesse nell'ambito degli studi sulle NDE, è la somiglianza tra le allucinazioni complesse prodotte dalla ketamina e alcune delle descrizioni delle esperienze pre-morte, che potrebbe fare ipotizzare il coinvolgimento degli stessi siti recettoriali.

L'ipotesi ketaminica nelle NDE è stata proposta da Jansen, che è stato tra i farmacologi che hanno studiato in modo più approfondito i meccanismi di azione della ketamina sia in relazione al suo uso medico-anestesiologico, sia nell'ambito del suo uso come droga psichedelica.

Sulla base dei suoi studi, Jansen arriva a concludere che la somministrazione di dosi di ketamina simili a quelle impiegate per indurre uno stato di anestesia, per scopi non medici, può portare effettivamente a sperimentare esperienze molto simili a quelle pre-morte.

Inoltre, tra gli effetti avversi derivanti dall'abuso di ketamina, ci sono l'emergere di stati dissociativi di derealizzazione e depersonalizzazione, entrambi accompagnati da vissuti spiacevoli di impotenza e inerzia.

In relazione a questo aspetto alcune delle interpretazioni psicologiche delle NDE hanno proposto il coinvolgimento di meccanismi dissociativi come risposta adattiva di allerta che la mente mette in atto all'avvicinarsi della propria morte: tramite la dissociazione il trauma emotivo e l'intensa paura e ansia che accompagnano l'esperienza della morte, sarebbero contenute e compartimentate.

Tra le principali obiezioni scientifiche che sono state sollevate al riguardo dell'ipotesi ketaminica è che le esperienze NDE sono caratterizzate prevalentemente da un senso di grande benessere e pace, mentre le esperienze di visioni indotte dalla ketamina al contrario sono spesso spiacevoli e accompagnate da intensi vissuti ansiogeni.

Tra le esperienze allucinogene derivanti dall'uso di ketamina, il 40% sono caratterizzate dalla presenza di visioni terrificanti e infernali, percepite in modo estremamente vivido e realistico, da cui spesso la persona viene profondamente traumatizzata.

Anche se non mancano casi nella letteratura di resoconti piacevoli di NDE, talvolta descritte anche come infernali ed angoscianti, esse sono comunque una grande minoranza.

L'ipotesi ketaminica è interessante poiché l'effetto della ketamina presenta aree di sovrapposizione con la fenomenologia NDE, avvalorando ulteriormente la plausibilità dell'ipotesi glutammatergica e facendo chiarezza su alcuni meccanismi neurobiologici probabilmente coinvolti.

7.2.9 Ipotesi del coinvolgimento della dimetiltriptamina (DMT)

La dimetiltriptamina è una droga psichedelica cui primi usi si ritrovano a scopo cerimoniale e rituale presso le tribù native del Sud Africa.

A partire dal 1950 sono iniziati gli studi approfonditi su di essa e nel 1970 è stata classificata tra le sostanze controllate a causa della crescente diffusione del suo uso illegale per scopi non medici.

La struttura molecolare della dimetiltriptamina è molto simile a quella della serotonina, poiché entrambi hanno come precursore il tripofano.

La dimetiltriptamina è presente anche sotto forma endogena, anche se la sua funzione per l'organismo non è ancora chiara.

Tra le proprietà possedute dal DMT, quella allucinogena è quella che ha suscitato il maggiore interesse in relazione all'ipotesi di un suo coinvolgimento nella genesi delle esperienze pre-morte. Szara oltre alle allucinazioni visive, elenca, tra gli effetti psichedelici del DMT, distorsioni della propria immagine corporea e della percezione spaziale, alterazioni dei normali processi del pensiero accompagnati da disturbi linguistici ed euforia.

Per quanto riguarda le allucinazioni complesse da DMT, la loro fenomenologia include frequentemente la visione di forme geometriche complesse sulle pareti e di pezzi del proprio corpo come se fossero proiettati sullo schermo di un computer.

Sono state inoltre riportate nell'ambito della letteratura anche frequenti allucinazioni uditive, consistenti nel sentire sussurri e squilli di telefono.

Uno studio di Gouzoulis-Mayfrank (2005), che ha comparato gli effetti prodotti da ketamina e DMT, ha riscontrato la presenza di aspetti comuni alle due sostanze, tra cui alterazioni della percezione corporea e del significato, paranoia, allucinazioni uditive e visive.

Dai risultati di questo studio sembra che le allucinazioni visive siano molto più frequenti dopo la somministrazione di DMT rispetto a quella di ketamina, oltre che possedere diversa forma nella manifestazione clinica.

Gli autori concludono che la dimetiltriptamina pur causando, come la ketamina, effetti molto simili ai sintomi della schizofrenia, ha un comportamento chimico sostanzialmente diverso. Il comportamento biochimico del DMT è molto più simile all'LSD e appare connesso alla sintomatologia positiva schizofrenica, mentre la ketamina, la cui struttura molecolare è molto più simile alla fenciclidina, sembra maggiormente correlata al manifestarsi dei sintomi dello spettro negativo.

In uno studio di Strassman (2001), alcuni dei soggetti sperimentali hanno riportato visioni complesse di esseri rettiliani o insettoidi, a cui attribuivano provenienza extraterrestre, e visioni di tunnel simili alle esperienze NDE, in cui era riportata la presenza di entità aliene.

Strassman e Rodriguez sono dell'opinione che queste visioni siano da riferirsi a reami realmente esistenti altrove, mentre Potts è fortemente critico verso questa interpretazione, commentando che la certezza soggettiva che i soggetti sperimentali possiedono circa la natura di queste visioni non è un'evidenza sufficiente per ritenere che esse siano reali.

Hill & Persinger (2003), in uno studio molto controverso, propongono una prospettiva che integra due posizioni apparentemente inconciliabili, poiché, pur dimostrandosi a favore di un'interpretazione mistica delle esperienze NDE, sostengono contemporaneamente la tesi del coinvolgimento neurotrasmettitoriale della dimetiltriptamina.

Gli autori di questa ipotesi hanno creato un paradigma sperimentale in cui alcuni campi magnetici vengono fatti passare attraverso gli emisferi cerebrali, ottenendo come risultato un'attivazione cerebrale del 10% più intensa da parte dei circuiti cerebrali dell'emisfero destro rispetto al sinistro.

I soggetti sperimentali, dopo la stimolazione magnetica, hanno mostrato un rilascio massiccio di DMT endogeno, dichiarando di sperimentare la percezione di sentirsi separati dal loro corpo, avere visioni di luce e vedere entità o spiriti.

Data la somiglianza tra la fenomenologia NDE e questi resoconti, Hill e Persinger interpretano questi effetti come la specifica risposta cerebrale ai segnali emessi dal campo magnetico, concludendo che la dimetiltriptamina è il correlato cerebrale endogeno delle esperienze mistiche, in particolare delle esperienze pre-morte.

Le critiche maggiori che questo studio ha ottenuto riguardano primariamente il fatto che i soggetti sperimentali usati dello studio erano i suoi collaboratori e in secondo luogo che gli effetti riscontrati dipendevano prevalentemente dalla suggestione indotta dallo sperimentatore, piuttosto che dal campo magnetico negli emisferi cerebrali.

Van Lommel, che è tra i principali ricercatori di NDE in ambito cardiaco, è dell'opinione che il rilascio di DMT possa essere mediato da epinefrina e noreprinefrina, neurotrasmettitori che sono rilasciati dall'organismo in risposta allo stress dello stato terminale e che la ghiandola pineale rappresenti il principale effettore del rilascio di DMT durante il processo pre-morte.

Quest'ultimo arriva anche a ipotizzare che in qualche modo la ghiandola pineale, dato il suo ruolo nella liberazione di DMT, rappresenti il sito organico di connessione tra il corpo e la coscienza universale.

Come vediamo quindi, Strassman, Hill e Persinger, pur corroborando l'ipotesi del ruolo fondamentale della dimetiltriptamina nella genesi delle esperienze pre-morte, credono nella veridicità dell'esperienza, arrivando a ritenere che la DMT svolga un ruolo centrale in tutte le esperienze NDE, ed espandendo questo coinvolgimento a tutte le esperienze mistiche.

Com'era già avvenuto per l'ipotesi ketaminica, anche in questo caso rimane valida la considerazione che, anche ammesso che alcuni effetti di tali sostanze possano contribuire a spiegare le esperienze pre-morte, data la grande complessità della fenomenologia implicata nelle NDE, è inverosimile che possano essere la causa di tutte le sue componenti fenomenologiche. Inoltre, l'ipotesi della DMT sottovaluta e ignora la possibilità che altri neurotrasmettitori, i cui effetti noti nella letteratura sono comunque abbastanza simili alle esperienze NDE da poter essere ammessi all'interno delle ipotesi neurotrasmettitoriali, possano giocare un ruolo importante. Non potendo quindi escludere a priori che la fenomenologia delle esperienze pre-morte possa emergere a seguito del contributo integrato di molteplici sistemi, la cui ridondanza neurotrasmettitoriale abbia come bersagli molteplici siti recettoriali, l'ipotesi della dimetiltriptamina resta solo una tra le molte possibilità di interpretazione delle NDE.

7.3. Teorie psicologiche

Le teorie psicologiche sulle esperienze pre-morte fanno sempre parte della classe di teorie che hanno cercato spiegazioni perseguendo una linea interpretativa di tipo riduzionistico, non ammettendo al loro interno alcuna possibilità che le NDE abbiano origine al di fuori di meccanismi di tipo fisiologico o psicologico.

Le principali ipotesi che sono state proposte in tale ambito per spiegare la fenomenologia delle NDE possono essere divise nelle seguenti categorie (vedi Tabella sottostante).

1. *Processi di depersonalizzazione (Noyes & Kletti, 1976, 1977; Siegel, 1980)*

2. *Il ruolo di fattori della personalità (Wilson & Barber, 1983)*

3. *Tendenze dissociative (Irwin, 1993)*

4. *Rivivere l'esperienza della nascita (Sagan, 1979)*

5. *La teoria dell'aspettativa (Kelly, 2001)*

Teorie psicologiche

in-brain

7.3.1 Processi di depersonalizzazione

La nascita di questa ipotesi proviene dall'analisi interpretativa dei resoconti di persone che si sono trovate molto vicino alla morte, nei quali è stato osservato che oltre a risultare spesso assenti riferimenti ad ansia o paura, emerge paradossalmente una profonda calma.

Queste caratteristiche delle descrizioni, completamente inattese, hanno aperto la strada all'esigenza di un maggiore approfondimento delle loro cause.

Il primo storico studio che si è occupato di cosa vivono le persone quando si trovano davanti a un evento che minaccia la propria vita è stato condotto da Albert Heim (1982) su una casistica di 30 individui sopravvissuti a cadute in montagna.

Gli autori riportano, a titolo esemplificativo, l'impressione che egli stesso ebbe dopo aver valutato le descrizioni che i 30 sopravvissuti fecero della loro esperienza:

«Non c'era ansia, nessuna traccia di disperazione, nessuna paura, ma piuttosto calma serietà, profonda accettazione, una vivacità mentale e un senso di sicurezza dominante. L'attività mentale divenne enorme, aumentando di cento volte la velocità o l'intensità. La relazione degli eventi e il loro probabile esito sono stati esaminati con chiarezza oggettiva. Nessuna confusione rilevata. Il tempo si è notevolmente espanso [...] in molti

casi è stata seguita una revisione improvvisa dell'intero passato dell'individuo; e alla fine la persona che cadeva spesso ascoltava una bella musica e cadeva in un superbo cielo blu contenente delle nuvolette rosate»
(Heim)

Partendo dai risultati di questa prima analisi di Heim, Noyes & Kletty (1976) hanno voluto replicare lo studio prendendo in considerazione un campione più ampio comprendente 114 resoconti di esperienze pre-morte provenienti da una casistica di 104 individui.

Sono emerse caratteristiche comuni nei racconti dell'esperienza, tra cui alterata percezione del tempo, povertà emotiva, senso di irrealtà, sintomi di depersonalizzazione e derealizzazione, rivisitazione panoramica della propria vita e ineffabilità.

In relazione alla caratteristica di ineffabilità, che già Moody rilevò tra le componenti tipiche della fenomenologia NDE, nel 38% dei casi analizzati si riscontrarono notevoli difficoltà nel descrivere a parole ciò che si è vissuto, in alcuni casi per l'inadeguatezza intrinseca posseduta dal linguaggio parlato quando si tratta di comunicare un'esperienza dotata di tale profondità e in altri casi a causa una riluttanza idiosincratica motivata dalla paura di poter sembrare folli.

La problematica maggiore nelle analisi emerge in relazione alla componente mistica che la maggior parte dei resoconti di NDE possiede, a sua volta strettamente connessa alla sua proprietà tipicamente ineffabile.

La *"coscienza mistica"*, così come alcuni autori si sono spinti a definirla, non rappresenta uno stato innaturale aggiuntivo della coscienza, ma è una potenziale modalità espressiva della mente, che emerge spontaneamente, durante il processo di alterazione della coscienza.

In quest'ottica la manifestazione degli stati mentali, vista come lungo un continuum che va dall'ordinarietà alla non ordinarietà, darebbe luogo alla *"coscienza mistica"*, che quindi emergerebbe come risultato spontaneo del processo dissociativo nell'estremo non ordinario di tale continuum.

Basandosi sull'insieme delle analisi di questi resoconti, Noyes e Kletty hanno quindi chiamato *"sindrome di depersonalizzazione"* l'insieme dei processi mentali che la mente mette in atto a scopo adattivo quando si trova a dover affrontare una situazione percepita come potenzialmente mortale o estremamente pericolosa.

In questo senso, molte delle componenti tipiche delle NDE, come la percezione di a-temporalità, la percezione di unità profonda con l'universo, il senso di verità, l'intensità ineffabile dei vissuti intrapsichici, possono essere spiegate facendo riferimento al modello operante durante i processi dissociativi messi in atto dalla mente in condizione di percepito pericolo estremo.

Il significato adattivo di questa risposta mentale è connesso alla necessità di gestire l'evento nel modo più distaccato possibile, quando non anche con sentimenti e pensieri piacevoli.

Tra le principali critiche che sono state fatte a questa ipotesi, abbiamo una serie di considerazioni relative all'incompatibilità del modello dissociativo con alcune delle caratteristiche fenomenologiche delle esperienze pre-morte.

Esse sono:

- Nelle NDE l'alterazione che viene riferita circa la percezione di se stessi, come accade nella visione extracorporea durante le OBE, è relativa a un cambiamento nel modo in cui la normale connessione tra corpo e mente viene sperimentata, ma la consapevolezza della propria identità non ne viene intaccata.

Mentre nei processi di depersonalizzazione l'alterazione investe principalmente il senso di identità personale, nelle NDE ciò non accade.

- Depersonalizzazione e derealizzazione sono sintomi caratterizzati da una sostanziale riduzione della consapevolezza relativa a se stessi e della realtà ambientale esterna, accompagnati frequentemente da stati di ottundimento emotivo e confusione mentale.

- Dai resoconti sulle NDE, circa la percezione degli eventi e di se stessi, emerge un quadro diametralmente opposto, caratterizzato da vissuti di estrema lucidità e sensazioni di iper-realtà.

- Circa il senso di estrema pericolosità che accompagna la prossimità alla morte, alcuni autori osservano che la natura delle esperienze NDE raramente viene percepita come qualcosa da cui è necessario difendersi, come un'esperienza da arginare, di fronte alla quale la mente mette in atto meccanismi di difesa.

- Dal momento che l'ipotesi della depersonalizzazione fa riferimento al coinvolgimento massivo di meccanismi difensivi di tipo dissociativo, non sembrano esserci valide evidenze, dall'analisi complessiva della maggior parte dei resoconti, circa l'esistenza, nell'esperienza NDE, di qualcosa che l'individuo percepisca come minaccioso fino a questo punto.

- Coloro che hanno sperimentato un'esperienza OBE, semmai, dato che si percepiscono fuori dal loro corpo, avrebbero meno necessità di difendersi da qualcosa e questo dovrebbe portarli a non avere bisogno di attivare strategie difensive di tipo dissociativo.

- Non c'è alcuna evidenza circa la presenza significativa di una maggiore predisposizione alle esperienze pre-morte nei soggetti con disturbi psichiatrici di tipo dissociativo.
  Nei casi di coloro che hanno riportato NDE, non è stata rilevata alcuna maggiore presenza pregressa di disturbi psichiatrici dello spettro dissociativo rispetto alla popolazione generale, né tanto meno, andando a guardare le loro strategie di coping, sembra che siano maggiormente predisposti a reagire a situazioni stressanti con la dissociazione.
  A tale riguardo, l'unico dato disponibile circa la correlazione tra tendenze dissociative e NDE è relativo al fatto che, dopo avere avuto un'esperienza pre-morte, i pazienti sembrano sviluppare una maggiore predisposizione allo sviluppo di sintomi dissociativi, anche se si tratta comunque di una

percentuale di prevalenza nettamente inferiore a quella riscontrabile nella popolazione psichiatrica.

7.3.2 L'ipotesi del rivivere la propria nascita

In questa teoria, l'esperienza pre-morte viene riletta alla luce delle analogie che possiede con l'esperienza del momento della nascita.

Gli elementi fenomenologici che all'interno di questa ipotesi assumono salienza, sono l'esperienza della visione del tunnel e quella della luce che irrompe alla fine di esso.

Questi due elementi sono stati interpretati alla luce del significato simbolico che assumono per l'individuo e delle connessioni analogiche che intrattengono con l'esperienza della nascita. Secondo Sagan si tratterebbe quindi di un vero e proprio rivivere il momento in cui si è venuti al mondo: l'esperienza del tunnel rappresenterebbe il viaggio lungo il canale del parto e la luce corrisponderebbe alla prima vista del mondo sperimentata appena nati.

«L'unica alternativa, a quanto riesco a vedere, è che ogni essere umano, senza eccezione, abbia già condiviso un'esperienza simile a quella di quei viaggiatori che fanno ritorno dal paese della morte; l'emergere dal buio alla luce; un'esperienza in cui, almeno talvolta, può essere confusamente percepita una figura eroica, immersa nella luce e nella gloria.
C'è una sola esperienza comune a tutti gli uomini che si concili con questa descrizione. È la nascita»
(Sagan)

La teoria di Sagan è stata fortemente influenzata dalle ricerche che Grof & Halifax hanno condotto sulla morte e sul processo del morire, dalle quali è emersa una significativa convergenza positiva tra fenomenologia delle esperienze mistiche, le esperienze pre-morte e gli effetti indotti da sostanze allucinogene.

Gli autori sostengono infatti che le NDE non sono esperienze reali e che assegnare un'importanza psicologica all'influenza esercitata dalla simbologia archetipale connessa ai fenomeni della vita e della morte, non implica necessariamente ammettere l'esistenza di un aldilà metafisico. Si tratta piuttosto di avvalorare l'impatto che la simbologia dominante presso la cultura di appartenenza ha sulla produttività fenomenologica di cui è capace la mente.

La principale critica avanzata a questa ipotesi proviene da Blackmore, che ritiene poco verosimile la corrispondenza tra la visione del neonato e il modo in cui la visione del tunnel è descritta nei resoconti delle NDE.

Il canale di fuoriuscita infatti, al momento del concepimento, non possiede alcuna caratteristica comparabile con il modo in cui è descritto il tunnel, essendo la cavità dilatata e compressa. In secondo luogo, gli occhi del neonato sono chiusi ed esso viene sospinto fuori dal canale con la sommità del cranio, motivi per cui, anche ammesso che abbia avuto la possibilità di vedere qualcosa, la prospettiva dominante sarebbe comunque molto diversa da quella che emerge dalle testimonianze di esperienze pre-morte.

Nel complesso, la teoria di Sagan, per quanto suggestiva, non sembra essere avvalorata da sufficienti evidenze, dato che l'analogia tra momento della nascita e le esperienze perimortali possiede innumerevoli incongruenze.

7.3.3 Il ruolo dei fattori di personalità

Strettamente associata alle teorie psicologiche che sono state avanzate per spiegare le genesi delle NDE è l'idea che ci siano alcuni fattori di personalità che possono predisporre ad avere le esperienze premorte. I principali che sono stati presi in considerazione sono:

- le tendenze dissociative
- la propensione a fantasticare

- la capacità di assorbimento

La propensione a fantasticare e la capacità di assorbimento sono strettamente collegate tra di loro, poiché entrambe implicano la capacità di concentrarsi sugli stimoli, siano essi di origine interna o esterna, in modo stabile e duraturo.

Più nello specifico, parlando di propensione a fantasticare, ci si riferisce all'abilità di concentrazione immaginativa e, parlando di assorbimento, della forza e persistenza con cui la concentrazione viene mantenuta su qualcosa.

L'assorbimento, quando prolungato e intenso, può anche dare luogo a fenomeni dissociativi di derealizzazione: la capacità di dissociazione, intesa qui non tanto nella sua accezione patologica, ma come funzione adattiva della mente, può favorire l'emergere di esperienze NDE e di OBE. Nello studio di Ring & Rosing (1990) è stata indagata la percentuale di prevalenza di traumi infantili in una popolazione di persone che ha avuto esperienze perimortali confrontata con un gruppo di controllo.

Dal momento che il trauma infantile, nel modello degli autori, è responsabile della generazione di strategie di coping basate sulla dissociazione, i risultati sono stati in linea con quanto si aspettavano, mostrando significative differenze tra i due gruppi in tutte le dimensioni del trauma indagate.

Ring e Rosing, dall'analisi dei risultati, concludono che le maggiori tendenze dissociative riscontrate nel gruppo che ha avuto NDE sono significativamente connesse a una maggiore presenza di storie di abuso infantile, e rappresentano fattori che predispongono la mente alla sperimentazione di realtà non ordinarie e stati di coscienza alterati.

Irwin critica la conclusione cui Ring e Rosing giungono, riferendosi in particolar modo al concetto di realtà "non ordinaria" impiegata dagli autori, che egli ritiene essere un'inferenza alquanto discutibile e sollevando dei dubbi sulla validità della procedura di scelta dei gruppi. Irwin (1993) conduce uno studio presso la popolazione australiana proprio allo scopo di testare la validità della conclusione di Ring e Rosing e dai suoi risultati non emergono significative differenze nella tendenza a dissociare tra i gruppi NDE e quelli di controllo.

Ciò che invece ottiene conferma è che presso coloro che hanno vissuto un'esperienza di premorte c'è una maggiore prevalenza di elementi che rimandano a un'infanzia traumatica.

Nonostante l'importanza che i processi dissociativi hanno assunto all'interno delle definizioni di alcuni disturbi psichiatrici, bisogna ricordare che la dissociazione, vista come un naturale processo che la mente mette in atto quotidianamente, non sfocia necessariamente nella patologia né è una caratteristica da considerarsi patologica.

La capacità dissociativa si evolve insieme alla capacità immaginativa e a quella di assorbimento, come parte di un processo del tutto non patologico, che ha inizio con la prima infanzia. Osservando il modo in cui nell'infanzia viene condotto il gioco, notiamo la grande capacità di assorbimento e immaginazione che hanno i bambini, la cui concentrazione è spesso talmente focalizzata sull'attività svolta, da dissociarli temporaneamente dalla realtà circostante.

Le abilità immaginative e di assorbimento, se non allenate, tendono comunque ad andare incontro a un deterioramento progressivo con l'età adulta.

La rilevanza assegnata al possibile coinvolgimento della propensione a fantasticare e della tendenza all'assorbimento è legata all'ipotesi che, quanto più questi fattori si esprimono a livello di personalità, tanto più l'individuo, durante la sua esperienza di prossimità alla morte, ha probabilità di vivere una NDE.

Wilson & Barber (1983) individuano una struttura di personalità la cui caratteristica fondamentale ruota attorno alla tendenza a fantasticare, che secondo gli autori è riscontrabile nel 4% della popolazione, sottoponendo, nel loro studio, un campione di persone di età variabile dai 19 ai 63 anni, a interviste volte a indagare la presenza di memorie e fantasie infantili.

In tutta una serie di casi risulta particolarmente evidente l'importanza che il fantasticare ha assunto nello strutturare la rappresentazione del fare esperienza della realtà, tant'è che gli autori si spingono a ritenere che esistano vere e proprie personalità il cui sviluppo ruota prevalentemente attorno a questo fattore.

Emerge inoltre dai risultati complessivi, il ruolo facilitante di tale tratto di personalità nei confronti di una serie di esperienze mentali non ordinarie, tra cui ad esempio l'ipnosi, in cui la propensione immaginativa svolge un ruolo di primo piano nel determinare l'efficacia della suggestione ipnotica.

È possibile quindi ipotizzare che la presenza del fattore "propensione a fantasticare" possa predisporre gli individui a sperimentare anche la fenomenologia delle esperienze pre-morte. Tellegen & Atkinson (1974), focalizzano l'attenzione sull'assorbimento, inteso come la predisposizione individuale a episodi in cui tutta l'attenzione è concentrata su qualcosa in modo pervasivo e totalizzante.

Gli autori fanno notare come durante un episodio di assorbimento, l'individuo sperimenti l'oggetto su cui la sua attenzione è focalizzata come intensamente reale e vada mobilitando su quell'oggetto tutte le sue risorse rappresentazionali, evidenziando la co-presenza, durante l'episodio di assorbimento, di profonde alterazioni del senso di realtà e della percezione del sé. La stretta relazione tra assorbimento e ipnotizzabilità, le cui implicazioni sono state estese a tutte quelle esperienze caratterizzate da stati non ordinari di coscienza come le NDE, ha interessato inoltre uno studio di Glisky et al. (1991), che ha mostrato come l'assorbimento sia anche connesso alla suscettibilità a eventi mentali dove l'investimento immaginativo svolge un ruolo centrale.

Considerate tutte queste evidenze di vista emergono chiaramente le aree di sovrapposizione del legame tra fattore assorbimento e propensione a fantasticare, entrambi ampiamente studiati per le loro implicazioni nella suggestionabilità ipnotica, ma coinvolti a più ampio spettro nella genesi di tutta una serie di fenomeni psichici di natura non ordinaria, tra cui le esperienze pre-morte.

7.3.4 L'ipotesi dell'aspettativa

La possibilità che l'aspettativa giochi un importante ruolo nel generare alcune delle visioni tipiche che occorrono durante le NDE, con particolare riferimento alle visioni di parenti e amici morti, è stata menzionata da alcuni autori, a seguito dell'analisi delle differenze nelle caratteristiche assunte dalla fenomenologia delle visioni di deceduti in diverse condizioni critiche.

Lo studio di Kelly (2001) ha indagato la fenomenologia di 553 casi di NDE, con particolare attenzione alla componente relativa agli incontri, analizzando per ogni caso il numero di persone decedute che sono state incontrate durante l'esperienza NDE e il tipo di relazione che intercorreva con essi.

Basandosi sulla teoria dell'aspettativa per interpretare i risultati di questo studio, possano essere fatte tutta una serie di previsioni, che in alcuni casi ottengono conferma e in altri sono confutate. A supporto della validità dell'interpretazione "in-brain", ad esempio, è l'elevata frequenza con cui le persone riportano più frequentemente visioni contenenti episodi di incontri con persone decedute quando sono vicine alla morte piuttosto che quando non lo sono.

In questo senso l'aspettativa svolgerebbe un ruolo fondamentale, dal momento che il sapere di essere prossimi alla morte andrebbe ad alimentare la speranza o l'attesa di rivedere le persone non più in vita a cui si è legati e questa aspettativa assumerebbe maggiore forza suggestionante in condizione di prossimità alla morte.

L'applicabilità dell'ipotesi dell'aspettativa è emersa anche a seguito a un'altra evidenza statistica, ossia la prevalenza di esperienze di incontri con deceduti nei casi in cui la morte è sopravvenuta per arresto cardiaco o incidenti, rispetto a quando è avvenuta durante interventi chirurgici o parto.

Una possibile interpretazione di queste differenze alla luce dell'ipotesi dell'aspettativa è che nei casi in cui la morte non è stata preceduta da un periodo di tempo sufficiente per poter elaborare il lutto della propria morte e accettarne il significato e le implicazioni, la mente avrebbe maggiori probabilità di generare un'allucinazione a scopo compensativo, mentre in tutti quei casi in cui la persona, prima dell'operazione, ha avuto giorni o anche mesi, per elaborare la paura della morte e giungere a una parziale risoluzione, la mente non avrebbe bisogno di generare delle allucinazioni.

Non possiamo comunque escludere del tutto la possibilità che, anche nei casi di NDE per arresto cardiaco o incidente, la persona abbia comunque avuto il tempo per elaborare alcune aspettative circa l'esperienza della propria morte.

Nei casi di incidenti, talvolta l'esperienza pre-morte ha inizio al momento dell'impatto, ma altre volte esiste un breve periodo di tempo in cui la persona è ancora sveglia e l'esperienza pre-morte può avere inizio nell'ambulanza o nella sala operatoria.

Nei casi di arresto cardiaco invece spesso essi sono preceduti da una serie di sintomi che mettono in allarme la persona, che diventa consapevole dell'avvicinarsi della sua morte prima dell'arresto. In questi casi, anche se si tratta di periodi di tempo brevi, talvolta nell'ordine di pochi minuti, non è possibile escludere che l'aspettativa non abbia giocato un ruolo importante.

Nonostante l'esistenza di queste correlazioni, i casi che sono stati esaminati necessitano di ulteriori approfondimenti e molte delle evidenze emerse avrebbero bisogno di ulteriori studi di conferma.

8

Teorie out-of-brain: la visione scientifica post-materialista

8.1. Considerazioni preliminari

La complessa e poliedrica natura delle esperienze pre-morte ha rappresentato un'importante sfida per il paradigma materialista riduzionistico, che, nonostante i tentativi di indagine approfondita e rigorosa dei correlati cerebrali all'origine delle esperienze pre-morte, ha ottenuto importanti critiche in ambito scientifico.

Agrillo, sotto il nome di teorie *"out-of-brain"*, indica tutte quelle ipotesi scientifiche che si sono discostate dalla visione riduzionistica, ritenendo impraticabile per l'evoluzione della conoscenza un atteggiamento che vada riducendo tutti i fenomeni mentali complessi al solo funzionamento delle loro componenti elementari.

In tali teorie ciò che viene messo in dubbio non è l'esistenza di correlati cerebrali nelle NDE, la cui esistenza è un fatto innegabile, ma la scelta di utilizzare spiegazioni che ne riducono l'espressione fenomenologica a mere cause materialistico-fisiologiche.

L'esistenza di correlazioni di per sé non ci dice niente, infatti, sulla natura della relazione di causa effetto e sul modo in cui il fenomeno mentale emerge come risultato di tale attività cerebrale, e non è possibile inoltre escludere che possano esistere altre cause non ancora individuate. Questo problema diventa ancora più evidente quando si cerca di comprendere la fenomenologia di complessi eventi mentali e nel caso specifico delle NDE, dove alla natura mentale dell'evento vanno ad aggiungersi implicazioni di altro ordine, (come la natura della coscienza e della realtà, oltre che questioni di ordine religioso-metafisico) i limiti del riduzionismo diventano ancora più evidenti.

Le recenti evoluzioni della conoscenza in ambito fisico, secondo Greyson, dovrebbero indurre a essere molto prudenti nello stabilire a priori quali sono gli scopi e la sostanza su cui si fonda il mondo naturale, e la scienza psicologica attuale dovrebbe farsi erede di questo insegnamento evitando di assumere atteggiamenti radicali ingiustificati come quello di matrice riduzionistica. Presenteremo quindi un quadro delle principali obiezioni che sono state sollevate verso alcune delle ipotesi biologiche e psicologiche del paradigma "in-brain".

Tra di esse spiccano le obiezioni sollevate da Greyson, psichiatra e professore della Virginia, annoverato tra gli esperti nazionali di NDE e quelle di Van Lommel, cardiologo e scienziato olandese, le cui ricerche sulle NDE in ambito cardiaco sono tra le più celebri.

8.2 La lucidità terminale

Una delle più importanti obiezioni alle teorie riduzioniste è quella relativa alla chiarezza mentale tipica delle NDE, sollevata da Greyson in un suo celebre articolo di critica al materialismo scientifico.

Egli parte dal considerare come, dall'analisi dei resoconti di persone sopravvissute che hanno avuto un'esperienza pre-morte, emergono descrizioni caratterizzate da estrema lucidità mentale, nella cui narrazione sono presenti grande coesione tematica, coerenza strutturale e organizzazione ordinata degli episodi.

Le memorie delle NDE sono generalmente molto chiare, intatte, e le visioni sono percepite con grande vividezza e caratterizzate da un senso iper-vivido della realtà occupata, che alcuni sopravvissuti si sono spinti a definire più reale della normale realtà percepita con la coscienza ordinaria.

Troviamo queste caratteristiche in quasi tutti i racconti dei sopravviossuti e sono presenti anche nei casi in cui la persona abbia sperimentato una NDE in condizioni di grave alterazione cerebrale o durante stati di incoscienza, ossia in condizioni dove per il modello riduzionista è impossibile che la coscienza possa manifestarsi.

Da un'analisi su una popolazione di centinaia di individui che hanno avuto NDE, nell'80% dei casi l'esperienza veniva descritta come "più chiara del solito", e nel 74% dei casi "più veloce del solito" e "più logica".

Sempre in linea con questa prospettiva, un risultato interessante si ha da uno studio di Owens et al. (1990), da cui emerge che molti dei casi analizzati hanno percepito di avere avuto una maggiore efficienza mentale mentre erano vicini alla morte, rispetto a quando non lo erano.

Dal momento che in ottica riduzionistica le funzioni cerebrali non possono operare al di fuori della coscienza, e se si condivide l'idea che, in base ai parametri fisiologici rilevati, coloro che hanno avuto esperienze pre-morte erano incoscienti nel momento in cui affermano di averle sperimentate, secondo Greyson tutte le teorie riduzioniste avanzate sono sostanzialmente inapplicabili nel caso delle NDE.

Nella visione di Greyson, ridurre il funzionamento della coscienza ai soli correlati celebrali ed evitare di confrontarsi con tutte le complesse implicazioni derivanti dalla presa in carico della questione inerente alla natura di tale coscienza, non potrà mai condurre all'oggettività scientifica. Inoltre, molte delle ipotesi riduzioniste proposte sono applicabili soltanto ad alcune delle componenti fenomenologiche delle NDE, rappresentando tentativi di spiegazione solo parziali del fenomeno complessivo.

Il modello riduzionista, ponendo l'enfasi sull'identità strutturale e funzionale di mente e cervello, si dimostra inadeguato di fronte a una serie di evidenze scientifiche, tra cui i molteplici casi documentati in letteratura medica del fenomeno della lucidità terminale, caratterizzata da un ritorno improvviso di lucidità in pazienti a cui era stata diagnosticata schizofrenia o demenza da anni.

Da questo punto di vista, la diffusione degli studi sulle NDE e la sua complessa fenomenologia hanno rappresentato un momento critico per il materialismo scientifico di matrice riduzionista, che ha visto crollare rovinosamente tutte le storiche certezze su cui si era adagiato.

8.3 La formazione delle memorie nelle NDE

Un ampio dibattito tra teorici *in-brain* e *out-of-brain* si è aperto in merito alla possibilità che la mente, in condizioni di incoscienza, possa mantenere comunque una traccia mnesitica degli eventi occorsi in tale stato.

Dai resoconti delle NDE emerge infatti non solo che le persone sopravvissute ricordano ciò che è avvenuto con grande lucidità, ma che spesso sono state in grado di riportare dettagli molto specifici su ciò che è stato fatto o detto mentre erano incoscienti o clinicamente decedute. La questione delle memorie ha sollevato quindi due ordini di questioni, una inerente alla possibilità che la coscienza rappresenti un'entità autonoma, che può operare anche in modo disincarnato, l'altra inerente ai processi involventi la formazione delle memorie durante le NDE. Le teorie riduzioniste si sono soffermate solo su questo secondo aspetto della problematica, e hanno proposto diverse ipotesi per spiegare come sia possibile che si formino dei ricordi durante stati di incoscienza.

Tra le interpretazioni materialiste che hanno ricevuto maggiori critiche, c'è l'ipotesi che tali memorie vadano in realtà formandosi in un momento temporale diverso da quello durante il quale i pazienti ricordano di avere avuto l'esperienza NDE, ossia prima o dopo il periodo di incoscienza.

Secondo i teorici "in-brain", nei periodi precedenti e successivi la perdita di coscienza, il paziente, nonostante le condizioni critiche, potrebbe avere avuto accesso ad alcune funzioni cerebrali, tra cui quelle connesse alla formazione delle memorie.

Tra gli studi dei teorici "out-of-brain" questa ipotesi è stata ritenuta del tutto speculativa e priva di evidenza, considerando che nella letteratura medica cardiaca è noto lo stato confusionale e amnesico in cui il paziente si trova sia prima sia dopo l'arresto.

Van Lommel et al. (2001), allo scopo di invalidare l'argomentazione di matrice riduzionistica sulla formazione delle memorie nelle NDE, hanno pubblicato un importante studio su una popolazione di pazienti cardiaci, conducendo una serie di interviste ai sopravvissuti dopo pochi giorni dal loro ritorno in vita.

Lo scopo di tale ricerca, in seguito ampiamente dibattuta, era verificare se i pazienti recavano qualche memoria del periodo di incoscienza avuto e se, durante quel periodo, sono in grado di rievocare il ricordo della loro esperienza pre-morte.

Come risultato di questa indagine emerse che nel 18% dei pazienti era presente qualche ricordo proveniente dal periodo di tempo in cui erano clinicamente incoscienti e non c'è alcuna evidenza in grado di mostrare come fattori psicologici, neuropsicologici o fisiologici possano essere coinvolti nella rievocazione di memorie dopo l'arresto cardiaco, dal momento che tutti i pazienti erano clinicamente morti e del tutto incoscienti.

Val Lommel fa inoltre notare come non tutti i pazienti dopo l'arresto cardiaco riportano di avere avuto NDE e se quindi si trattasse, come hanno proposto i teorici "in-brain", dell'effetto conseguente all'anossia cerebrale, dovremmo riscontrare la presenza di memorie di NDE in tutti i pazienti sopravvissuti e non solo in una parte.

Alcuni teorici "in-brain" hanno obbiettato che la presenza di un tracciato elettroencefalografico piatto non esclude la possibilità che vi siano residui di attività mentali che non sono stati rilevati e quindi è possibile che il paziente non fosse in realtà del tutto incosciente nel periodo in cui ricorda di avere vissuto una NDE.

Questa considerazione è nata dal momento che molte delle critiche dei teorici "out-of-brain" hanno fatto leva sull'argomentazione relativa allo stato di incoscienza durante il quale le esperienze pre-morte si sono verificate, per delegittimare la validità delle ipotesi riduzionistiche. A tale riguardo Greyson argomenta che il problema principale è in realtà a un altro livello, poiché non si tratta tanto di stabilire se è presente o meno dell'attività residua cerebrale di qualche genere, rilevabile o meno, ma piuttosto di individuare le condizioni necessarie e sufficienti affinché possa aver luogo la manifestazione delle attività della coscienza.

Per i teorici "in-brain", il substrato cerebrale e la sua attività rappresenta un'ineludibile e indispensabile condizione, senza la quale nessuna coscienza è possibile, mentre secondo i teorici "out-of-brain" le attività della coscienza possono manifestarsi anche al di fuori dell'attività cerebrale come ordinariamente intesa.

Più nello specifico, anche ammettendo che durante l'arresto cardiaco possa essere sopravvissuta dell'attività cerebrale residua non rilevabile o non rilevata, data la grande vulnerabilità dell'ippocampo rispetto agli effetti dell'anossia, risulta poco verosimile che il processo di formazione di una memoria così vivida e complessa come quella delle NDE possa avvenire all'interno di un quadro clinico di così grave compromissione cerebrale.

Il ruolo svolto dall'ippocampo nella formazione dei ricordi è infatti fondamentale e il danno neuronale conseguente al processo anossico in fase di arresto circolatorio, anche volendo coinvolgere il contributo energetico fornito da una capacità cerebrale residua, è comunque di tale debole entità da rendere inverosimile qualunque spiegazione delle memorie delle NDE basata sul riferimento ai soli correlati cerebrali implicati.

Strettamente connessa alla questione delle memorie delle NDE è un altro aspetto della fenomenologia pre-morte che le ipotesi riduzionistiche, secondo Greyson, non sono riuscite a spiegare con adeguatezza di argomenti, ossia il fenomeno delle memorie provenienti dell'esperienza OBE e in particolar modo il loro contenuto.

La presenza di fenomeni di fuoriuscita dal proprio corpo è rilevabile in circa 48% dei resoconti di persone che hanno avuto esperienze pre-morte e queste descrizioni, oltre a essere estremamente accurate, contengono spesso dettagli veridici su eventi occorsi nella vicinanza del corpo fisico mentre la persona era incosciente e talvolta anche informazioni relativi a eventi avvenuti in un luogo fisicamente lontano rispetto a dove il paziente dichiara di vedere il suo corpo fisico. Secondo la prospettiva materialista, ciò è spiegabile tramite il coinvolgimento di processi retrospettivi di ricostruzione mnestica, avvenuti quando il paziente era ancora semi-cosciente. I teorici "in-brain" insistono sul fatto che la mente sia continuamente impegnata nel tentativo di risolvere l'ambiguità intrinseca dell'informazione in entrata, e su come per fare questo tenda a reclutare processi di costruzione attiva dei significati dell'esperienza, allo scopo di formare interpretazioni dotate di coerenza interna.

In questo senso, secondo i riduzionisti, è quindi possibile ipotizzare che le NDE rappresentino il tentativo naturale messo in atto dalla mente di ripristinare una rappresentazione stabile e realistica di un evento, laddove molte delle informazioni necessarie per una tale ricostruzione, che in condizioni ordinarie sarebbero necessarie, sono venute a mancare.

Emergerebbe pertanto come esito di questo processo, la memoria di un'allucinazione dotata di estrema realisticità, come strategia funzionale compensativa in cui sarebbero coinvolti meccanismi di natura neuropsicologica e cognitiva.

A tale riguardo Sabom (1982) ha creato uno studio avente lo scopo primario di verificare la verosimilità dell'ipotesi della ricostruzione mnestica avanzata dai riduzionisti, suddividendo un gruppo di pazienti sopravvissuti a un infarto in due gruppi, in base al criterio della presenza o meno di un'esperienza pre-morte.

Ciascuno dei due gruppi è stato intervistato, chiedendo di riportare ciò che ricordavano della procedura di rianimazione cardiaca e se avevano inoltre ricordo di un'esperienza fuori dal corpo, e i risultati ottenuti da ciascun gruppo furono successivamente confrontati.

Dai risultati è emerso che, nell'intero campione scelto, l'80% fa al massimo un errore nella descrizione della procedura di rianimazione e che nello specifico gruppo di coloro che riportano di avere avuto una OBE, non viene commesso alcun errore (Sabom, 1982).

Da questo studio Sabom estrae un dato molto interessante, ossia che, nel 19% dei casi appartenenti al gruppo di coloro che hanno avuto una NDE, i pazienti sono stati in grado di riportare con estrema accuratezza dettagli molto specifici degli eventi in corso mentre venivano rianimati.

Per spiegare tale fenomeno i riduzionisti hanno fatto leva sul ruolo dell'aspettativa nel creare false memorie e sul persistere di una sensibilità uditiva durante il periodo di incoscienza, attribuibile alla sopravvivenza non rilevabile di attività cerebrale residua o a un'anestesia non sufficientemente profonda.

Secondo Greyson qualunque spiegazione riduzionista applicata alle memorie nelle OBE rimane comunque inadeguata, qualunque sia l'ipotesi a cui si faccia appello per spiegare la fenomenologia delle esperienze pre-morte.

Greyson considera inapplicabile una comparazione tra eventuali fenomeni di risveglio intraoperatorio (causati da anestesia troppo superficiale) ed esperienze OBE.

Dai rari casi riportati nella letteratura medica, si evince infatti che la fenomenologia del risveglio durante anestesia è in genere accompagnata da vissuti estremamente spiacevoli, a tratti spaventosi e che i loro contenuti sono caratterizzati da memorie frammentarie, di natura primariamente uditiva e tattile: queste caratteristiche differiscono notevolmente dal modo in cui l'esperienza OBE e il suo ricordo sono esperiti da coloro che hanno avuto una NDE.

Ci sono poi tutta una serie di casi di memorie di OBE che, anche se hanno coinvolto una grande minoranza di casi, hanno ottenuto l'attenzione dei teorici "in-brain", e la cui spiegazione riduzionistica ha creato alcune problematiche metodologiche.

Si tratta di quei resoconti di OBE in cui la persona, una volta tornata cosciente, ricorda di avere assistito a eventi che si svolgono in un luogo diverso da quello in cui si trova il suo corpo fisico, accompagnato dalla certezza eidetica di essere stato realmente presente mentre ciò accadeva. Clark (1984) e Owens (1995) individuano cinque casi di questo tipo, dove vengono riportati dettagli sorprendentemente specifici del contesto e della situazione in cui tali eventi sono avvenuti.

In un altro studio di Ring & Cooper (1997, 1999) sono riportate le descrizioni di 31 casi di pazienti non vedenti, di cui all'incirca la metà ciechi fin dalla nascita, che durante un'esperienza NDE ricordano di avere avuto esperienze di quasi-visione e di essere a conoscenza di eventi accaduti altrove mentre erano incoscienti.

Questi casi hanno rappresentato un'ulteriore difficoltà aggiuntiva per gli scienziati di matrice riduzionistica, che di tutta risposta hanno negato a priori il valore di questi resoconti, adducendo come motivazione che si tratta di testimonianze singole non corroborate da alcun altro testimone oculare.

Alcuni teorici *"out-of-brain"* hanno voluto indagare sulla veridicità potenziale di tali descrizioni, trovando in alcuni casi delle conferme da parte di persone in vita che erano state effettivamente presenti all'evento in questione.

In un celebre caso descritto da Van Lommel (2001), un paziente vittima di arresto cardiaco, tornato in vita, oltre a riconoscere immediatamente il volto dell'infermiera che lo aveva assistito, riporta in modo accurato e corretto tutti i dettagli relativi alla stanza di emergenza dove è stato messo e tutte le fasi della procedura di rianimazione cui è stato sottoposto.

La versione del paziente viene inoltre successivamente confermata, in ogni sua parte, dall'infermiera.

La quantità di studi che hanno indagato il fenomeno delle memorie nelle NDE e i ricordi durante le esperienze OBE sono veramente molto numerosi e consistenti.

Le ipotesi che i teorici "in-brain" hanno avanzato per dimostrare che le visioni delle NDE non sono né reali né veridiche, venendo generate dalla mente allo stesso modo in cui sono generate le illusioni visive, quando comparate con le numerose evidenze emerse dalle ricerche dei teorici "out-of-brain", appaiono profondamente inadeguate ed inconsistenti.

8.4 Le visioni di persone decedute

Un aspetto della fenomenologia delle esperienze pre-morte che si presenta con elevata frequenza è l'incontro con parenti o amici deceduti e talvolta anche con persone sconosciute.

Greyson riferisce che, dall'analisi dei resoconti di NDE, la prevalenza di questa componente è del 42%.

I teorici "in-brain" hanno ipotizzato che questi incontri siano connessi all'aspettativa, al profondo desiderio della persona di rivedere le persone che ha perduto in vita o rappresentino la conseguenza dell'effetto allucinatorio indotto dalle alterazioni cerebrali durante il collasso delle funzioni cerebrali in prossimità della morte.

L'idea che questa interpretazione non possa adeguatamente spiegare la complessità fenomenologica di questa esperienza è condivisa anche da Kelly.

Andando infatti a confrontare le caratteristiche delle visioni di deceduti durante le allucinazioni di persone in vita con quelle avute da persone vicine alla morte, emerge una sostanziale differenza nella strutturazione dei contenuti, caratterizzata dal fatto che, mentre nelle prime sono con più frequenza riportati incontri con persone viventi, nelle seconde sono preponderanti gli incontri con persone morte. Gli studi di Kelly (2001) confermano infatti questi dati.

Molte persone prossime alla morte hanno inoltre riportato di avere avuto incontri anche con persone sconosciute, di cui non conoscevano l'identità.

Le evidenze che emergono dall'analisi dei contenuti delle descrizioni fatte dai sopravvissuti smantellano le argomentazioni che i materialisti hanno portato a sostegno delle loro ipotesi, poiché, secondo alcuni autori, se si trattasse dell'effetto legato all'aspettativa, non dovremmo aspettarci la presenza di persone non riconosciute, e non si comprende come mai sono così sovrarappresentati gli incontri con persone decedute dal valore affettivo e non persone in vita a cui il resuscitato è legato.

Dallo studio di Kelly (2001) emerge infatti che su 274 casi di visioni di incontri con deceduti, solamente in undici di essi viene fatta menzione di incontri avuti con persone in vita; in circa un terzo dei casi di incontri si tratta di persone decedute con cui la persona non aveva strettissimi legami e anche di persone conosciute incontrate pochissimo o anche mai incontrate.

Basandoci sull'ipotesi dell'aspettativa, dovremmo aspettarci che in molti casi di visioni di deceduti siano presenti anche animali a cui la persona era fortemente legata, data la grande quantità di persone che vi intrattengono stretti legami affettivi, ma, come suggerisce Kelly, dall'analisi dei 274 casi di esperienze pre-morte, essi sono presenti solo in due resoconti. Quando il tentativo di stabilire la presunta superiorità di un'ipotesi interpretativa su un'altra si scontra con la profonda ambiguità dei risultati, una soluzione può essere rappresentata dal prestare maggiore attenzione all'emergere di eventuali convergenze di aspetti nella valutazione delle ipotesi concorrenti. In quest'ottica, dovremmo quindi prendere in considerazione la possibilità che una certa fenomenologia NDE non possa essere adeguatamente spiegata facendo riferimento a un solo modello interpretativo.

L'ipotesi dell'aspettativa potrebbe anche dimostrarsi potenzialmente adeguata quando applicata alla spiegazione delle caratteristiche di un singolo caso e di una esperienza specifica, ma, quando andiamo a considerare il fenomeno delle NDE su una casistica più ampia e lo guardiamo nel suo complesso, è necessario fare riferimento a ipotesi multiple.

Un esempio dell'inadeguatezza delle singole ipotesi psicologiche quando prese singolarmente ci viene fornito da quei casi in cui, nonostante la morte sia sopravvenuta a seguito di arresto cardiaco, viene riportata la presenza di incontri con deceduti.

In questi casi, ci sarebbe infatti da aspettarsi che, dato il pochissimo tempo che l'individuo ha avuto per elaborare l'evento, l'influenza di un'eventuale aspettativa legata al desiderio di riunirsi alle persone care, non possa essere la spiegazione più adatta, e vadano necessariamente ricercate altre cause.

Se l'aspettativa da sola spiegasse l'intero processo dell'emergere della fenomenologia NDE legata agli incontri con persone decedute, dovremmo avere una maggiore frequenza di riconoscimenti. In un interessante caso riportato da Van Lommel (2004) un paziente, durante un arresto cardiaco, racconta di avere avuto la visione di un incontro con sua nonna deceduta e un altro uomo, la cui identità gli era completamente ignota.

In seguito, mentre stava osservando una vecchia fotografia del padre che non aveva mai conosciuto, riconobbe nella persona presente nella foto l'uomo sconosciuto che aveva incontrato durante la sua esperienza pre-morte.

Tra le descrizioni di incontri con persone decedute che, secondo Greyson, mettono più direttamente in crisi le argomentazioni dei teorici "in-brain", sono quelle in cui i sopravvissuti riportano di avere incontrato, durante le loro NDE, qualcuno che loro pensavano fosse in vita, e che solo in seguito hanno scoperto che era morto da poco.

Anche se si tratta di casi rari, essi sono comunque sufficienti, unitamente alle altre evidenze, a dimostrare l'inapplicabilità del modello riduzionistico a questa componente della fenomenologia NDE.

8.5 Ruolo della dissociazione nelle NDE

Una delle ipotesi psicologiche che i teorici "in-brain" hanno proposto per spiegare le esperienze pre-morte riguarda la presenza di sintomi dissociativi come fattore di personalità predisponente.

Greyson (2000a), in uno studio di natura retrospettiva su una casistica di 134 individui prossimi alla morte, di cui 96 che hanno vissuto una NDE e 38 che non la hanno avuta, analizza la correlazione tra sintomi dissociativi e presenza di esperienze pre-morte.

Dai risultati di questa indagine emerge una significativa correlazione tra tendenza a dissociare e l'aver vissuto un'esperienza pre-morte, da cui però non è possibile trarre inferenze certe sulla natura della relazione causa- effetto tra i due aspetti.

Il fatto che nel gruppo di coloro che riportano esperienze perimortali il punteggio nella scala della dissociazione sia significativamente maggiore rispetto al gruppo che non ha avuto NDE, potrebbe essere attribuibile all'esperienza stessa o ad altri meccanismi non ancora noti, ma non sembra comunque esserci alcuna evidenza circa la presenza, nella popolazione oggetto d'analisi, di tendenze patologiche alla dissociazione precedenti alla comparsa della NDE.

Se andiamo a confrontare i punteggi sulla scala DES [14] di coloro che hanno un disturbo psichiatrico e quelli delle persone che hanno avuto una NDE, quest'ultimo valore è comunque di un terzo minore rispetto a quello riscontrabile presso la popolazione patologica.

Dall'analisi dei profili delle persone che riferiscono di avere avuto un'esperienza pre-morte, non emerge inoltre alcuna tendenza specifica a rispondere allo stress con la dissociazione.

Conducendo un'analisi clinica a scopo comparativo tra i racconti di esperienze dissociative in pazienti psichiatrici e in coloro che hanno avuto esperienze pre-morte, si notano delle considerevoli differenze descrittive, soprattutto in relazione alla dimensione dello stress percepito La dissociazione come risposta al trauma è una risposta mentale a importanti vissuti stressogeni, e secondo alcuni autori è essa stessa qualcosa da cui la mente tende a difendersi, poiché rappresenta un'esperienza profondamente indesiderata.

Nei casi di NDE, non solo la dissociazione che emerge ad esempio, dal senso di estraniamento dal proprio corpo, non è vissuta come sgradevole, ma è accompagnata quasi sempre da vissuti di grande benessere.

---

[14] Dissociative Experience Scale (DES)

Coloro che hanno avuto una NDE non riportano alcun sintomo di disturbo post-traumatico da stress, come accade invece alle vittime di traumi, ma anzi, dopo questo evento, si evidenzia un significativo e positivo cambiamento nella loro qualità della vita.

Affinché sia possibile fare un confronto risolutivo tra i sintomi dissociativi e alcune delle componenti della fenomenologia pre-morte, bisognerebbe integrare i risultati provenienti dagli studi retrospettivi con quelli provenienti da studi prospettici, al fine di valutare la presenza di tali sintomi sia prima che dopo le esperienze pre-morte.

Un'interessante possibilità messa in luce dallo studio di Greyson (2000a) riguarda il fatto che la presenza o meno di dissociazione durante la NDE possa modulare il successivo atteggiamento verso la rievocazione dei ricordi.

Se ad alti punteggi nella scala DES, correlasse con una maggiore difficoltà nel rievocare l'episodio NDE, mentre bassi punteggi inducessero scarso interesse nella successiva rielaborazione dell'esperienza, essendo il campione di casi indagato composto prevalentemente da volontari interessati a comprendere meglio cosa è accaduto, avremmo una sovrarappresentazione di casi che correlano con la dissociazione.

L'opinione finale di Greyson è quindi che le esperienze pre-morte coinvolgono processi mentali caratterizzati da spostamento dell'attenzione, stati di coscienza alterati, disconnessioni parziali o totali del senso dell'ordinaria identità corporea, ma che non ci sono evidenze per supportare l'ipotesi che i meccanismi generatori di una NDE abbiano origine dalla dissociazione patologica.

9

La Visione Metafisica

9.1 Considerazioni preliminari

L'ampiezza fenomenologia delle esperienze pre-morte conduce inevitabilmente a prendere in considerazione gli aspetti religiosi, metafisici e spirituali di cui esse sono inscindibilmente portatrici.

Tra le tendenze maggiormente criticabili dell'approccio materialista è l'aver perso di vista una visione unitaria del fenomeno NDE e lo scarso peso attribuito ai suoi profondi significati esistenziali e metafisici.

Il processo di secolarizzazione ha contribuito alla progressiva frammentazione delle fondamentali domande relative all'esistenza dell'aldilà metafisico e al significato della vita e della morte, la cui centralità nella riflessione spirituale ed esistenziale dell'umanità ha origini profonde.

Come risultato di questa frammentazione, avvenuta parallelamente all'evolversi delle conoscenze in ambito scientifico, sono nate forme di spiritualità maggiormente rivolte al qui e ora, la cui attenzione si è focalizzata prevalentemente sul ruolo che la conoscenza spirituale può assumere come veicolo per la realizzazione personale.

Questo ripensamento del rapporto tra uomo e divino non ha voluto negare il valore e la plausibilità delle tradizionali concezioni religiose, ma ha comunque progressivamente spostato il focus dell'attenzione sulla gnosi individuale, nella direzione di un trascendentalismo immanentista. Le esperienze pre-morte, con la loro diffusione, si sono recentemente collocate all'interno di questo crescente dibattito di derivazione neo-spirituale, offrendo materiale di riflessione utile alla nascente spiritualità dell'aldilà e incarnando un momento risolutivo fondamentale per l'ampliamento della riflessione sulla natura della coscienza.

Diventa quindi centrale rivalutare il ruolo assunto della percezione del sacro e l'esperienza che l'individuo ne fa, sia in termini di crescita personale e autorealizzazione, sia in termini di potenzialità metamorfiche offerte da questo viatico.

L'uomo deve riappopriarsi di quell'intimo sentimento di sacralità che ne permea nuclearmente la psiche e l'anima, la cui natura profondamente a-duale conduce al formarsi dell'esperienza mistica, e attraverso cui potrà accedere all'autentica comprensione della natura della vita e della morte.

Questa considerazione vuole oltrepassare ogni questione inerente all'appartenenza specifica a una fede religiosa, collocando la manifestazione più profonda dell'uomo nel dialogo che intercorre tra la sua coscienza e la sua anima.

Nel momento in cui Carl Gustav Jung entra in contatto con l'essenza della morte, egli accede ad una più raffinata comprensione circa l'essenza della vita, e questo spalanca in lui una riflessione metafisica dalla vertiginosa portata, che lo conduce a concepire l'inconscio come un luogo capace di incorporare molteplici significati di natura ultraterrena.

Riteniamo quindi che, ai fini di una comprensione complessiva del fenomeno delle esperienze premorte, sia oltremodo necessario prendere in considerazione gli elementi collocati sul versante metafisico che appaiono maggiormente in relazione con le questioni inerenti la natura della coscienza e la sua relazione con il fine vita, senonché alcune tra le tradizionali concezioni religiose che più direttamente appaiono collegate alla fenomenologia pre-morte.

Dal nostro punto di vista, gli elementi che verranno presentati in seguito, hanno vitale priorità su qualunque altro ordine di considerazioni, e fondano le premesse metafisiche di ciò che solo in un momento successivo si manifesta a livello materiale, come fenomenologia esperibile sia nella coscienza che nell'organismo.

Noi non vogliamo escludere nulla, giacchè la separazione è solo un'illusione nell'illusione. Tuttavia, il desiderio autentico di intessere un dialogo dal carattere multidisciplinare dentro un'estesa panoramica dell'argomento oggetto d'esame, non preclude che alcune ontologie di riferimento abbiano per noi una maggiore importanza e significatività.

9.2. Metafisica della coscienza

9.2.1 La nascita della coscienza nell'esegesi biblica

Nella tradizione giudaico-cristiana troviamo importanti analogie tra il racconto biblico relativo alla nascita ontologica della coscienza e le attuali conoscenze che la scienza possiede sulla sua evoluzione fisiologica.

Di particolare interesse è il modo in cui viene narrata la comparsa della consapevolezza di sé a seguito del peccato originale, nota in psicologia come capacità auto-riflessiva o di mentalizzazione, la cui comparsa nel bambino è fondamentale per l'acquisizione delle abilità necessarie per la comprensione di sé e degli altri.

È infatti difficile immaginare qualunque forma di progresso sapienziale e di evoluzione, in assenza dell'esercizio di una consapevolezza che sia diretta verso i contenuti della propria mente. I passi della Genesi che più direttamente hanno a che fare con la questione della coscienza sono quelli in cui viene descritta la cacciata di Adamo ed Eva dall'Eden, momento centrale di passaggio da una coscienza non duale, primordiale e non riflessiva, a una condizione terrena da cui consegue la comparsa della consapevolezza riflessiva di sé.

La condizione in cui Adamo ed Eva si trovano prima della caduta è considerato *«in grazia della santità originale»*: uno stato di completa nudità priva del naturale senso di vergogna che è sperimentabile solo tramite l'esercizio della capacità auto-riflessiva.

Secondo un'interpretazione psicologica, tale condizione rappresenta il dominio delle istanze pre-consce su quelle consce, una forma di esistenza primordiale che l'uomo condivide con gli animali, dove la dimensione istintuale non riflessiva ha il predominio sulle funzioni fisiologiche e mentali.

Parafrasando la comparsa della consapevolezza di sé a seguito del peccato originario, potremmo citare la teoria della comparsa della coscienza nell'uomo come proprietà emergente dalla complessità cerebrale, che secondo Gould & Lewontin (1979) rappresenta un pennacchio evolutivo sorto a seguito di processi riadattivi, che non era in alcun modo previsto dal programma originario.

La condizione primordiale di Adamo ed Eva, priva della conoscenza del male e del bene, viene rotta nel momento in cui viene commesso il cosidetto "peccato capitale", ed Eva viene tentata dal serpente con queste parole:

«No, voi non morrete, anzi il Signore sa che, qualora ne mangiaste, si aprirebbero gli occhi vostri e diventereste come Dio, acquistando la conoscenza del bene e del male»

(Genesi 3,4)

Ed è nel momento in cui Eva cede alla tentazione, che i loro occhi, prima chiusi, si aprono, ed essi finalmente sono in grado di "vedere" ciò che prima non vedevano, e con tale conoscenza nasce anche il senso della vergogna di sé.

«Si aprirono allora gli occhi di tutti e due e si avvidero che erano nudi»

(Genesi 3,7)

La comparsa della coscienza ordinaria, in base all'esegesi biblica, inizia quindi nel momento dell'apertura degli occhi, e con la comparsa della consapevolezza di sé sorge anche la consapevolezza della propria morte.

Ciò che accade con l'emersione della coscienza ordinaria investe profondi cambiamenti della sfera mentale, la cui fusione originaria con il cosmo cessa, e al suo posto una visione duale, capace di giudizio, ma anche capace di nuove forme di conoscenza, sopravviene dalla maggiore complessità cerebrale acquisita.

In un certo senso si potrebbe dire, basandoci sulle attuali conoscenze circa la comparsa delle capacità cognitive superiori della coscienza, che l'uomo ha pagato la sua evoluzione con la caduta da uno stato primordiale dell'essere.

"Quest' uomo con la sua croce, che la caduta ha fatto meno evidente, si autonomina portavoce della verità in ogni mondo, a causa della limitatezza di una visione che si fa metro assoluto di riferimento e per sua stessa incapacità di superarsi.

Se tali vincoli fossero stati perlomeno ampliati da una riflessione non più egoica e umanocentrica, assisteremo alla nascita di un individuo nuovo che inizia a dubitare di ciò che ha conosciuto tramite i canali ordinari dei sensi e in quello specifico modo, e che qundi dovrebbe rimettere in dubbio molte sue certezze miliari.

Il grande rischio e la grande sfida, derivanti dall'attuazione di una tale metamorfosi, è quello di ritrovarsi in un territorio in cui non si trova più un senso, di cui non si riesca a riconoscere i confini e i disambigui tra i perimetri delle forme: una realtà nuova in cui tutto è possibile, e ciò che accade ora e qui potrebbe egualmente accadere non ora e non qui."

(Nera Luce)

A questo punto, riportando la nostra attenzione alla fenomenologia delle esperienze pre-morte e le sue conseguenze spirituali, troviamo numerose connessioni tra la concezione metafisica della coscienza originaria e il modo in cui i resuscitati riportano di aver vissuto le NDE.

Emerge una maggiore chiarezza circa le possibili implicazioni che la messa in luce di questa analogia può avere nello spiegare le profonde trasformazioni spirituali ed esistenziali cui vanno incontro coloro che si sono avvicinati alla morte.

Innanzitutto, il senso di unità primigenia sperimentato e la profonda sensazione di essere fusi con il cosmo, rievocano la natura di quella coscienza primordiale a cui l'uomo è stato strappato con la cacciata dall'Eden, e che in prossimità della morte viene restituito alla natura della coscienza, accompagnato spesso da sensazioni di enorme benessere e pace.

Frequenti sono i riferimenti, nelle descrizioni, della presenza diffusa di una forza superiore di natura divina, percepita con immediatezza a-riflessiva, senza alcun riferimento a specifiche tradizioni religiose. Il senso di unità sperimentata dai resuscitati viene spesso descritto come dotato di una qualità ineffabile, come l'emergere del divino dalle profondità del sé.

Dopo avere avuto questa esperienza di profonda fusione con la luce e con il cosmo, molte persone riferiscono di sentirsi finalmente e sorprendentemente capaci di utilizzare i propri potenziali interiori ai fini della loro piena realizzazione spirituale.

"La luce metafisica è una sorgente di compassione infinita da cui promana un grande potere di guarigione, dalla cui immersione e riemersione sorge un rinnovamento della consapevolezza e una nuova abilità di attingere alle risorse profonde del vero sé"

(Ring & Valarino)

Da questo punto di vista, il peccato originale e la caduta sono metafore di un passaggio spartiacque tra mondi e modi del viversi, e momenti fondamentali di trasformazione: il pieno ritorno alla manifestazione originaria è possibile solo attraverso il superamento della dualità e della condizione ordinaria della mente.

All'interno di questa visione è possibile concepire la condizione pre-morte come quel confine metafisico che separa la dualità immanente dall'impermanenza dell'unità originaria.

Lo studio della relazione simbolica tra l'esegesi biblica e il sorgere della consapevolezza riflessiva suggerisce come in qualche modo quest'ultima emerga quale prodotto della creazione stessa e anche come l'evoluzione spirituale della coscienza ordinaria assolva in quest'ottica un compito ben preciso.

Nel destarsi della coscienza, rappresentato dall'apertura degli occhi di Adamo ed Eva, è il nascere della consapevolezza di sé, e tramite tale trasformazione è possibile per l'uomo avvicinarsi a quelle forme sapienziali il cui raggiungimento non può prescindere dall'esercizio della capacità riflessiva.

«escatologia dell'energia-informazione-psiche-spirito di cui anche la materia è una condensazione, la cui realtà, come ordinariamente percepita, è più illusoria che reale»

(Facco)

Il destino della coscienza, in questa prospettiva, è quello di evolversi e trasformarsi passando attraverso una molteplicità di eventi, di cui il peccato originale rappresenta l'evento grandioso della comparsa dell'auto-consapevolezza.

Lo scopo di questo processo ciclico è quello di permettere all'uomo di divenire consapevole della sua essenza e delle sue origini, per poi nuovamente riunirsi a essa nel magnifico evento della sua morte, tornando "Uno" con la Mente Cosmica.

Illuminate da queste considerazioni le esperienze pre-morte rappresentano un'eccezionale occasione di realizzazione interiore e rinnovamento della coscienza primordiale delle origini, tramite il fare esperienza della morte.

9.2.2 L'albero della vita come archetipo della coscienza

Un'interessante tematica avente stretta affinità con la coscienza metafisica è rappresentato dalle connessioni esistenti tra la concezione della mente nella dottrina esoterica ebraica e la simbologia connessa all'albero della vita cabalistico.

In generale, riscontriamo la presenza degli archetipi connessi all'albero in tutte le tradizioni religiose e spirituali, dove esso compare spesso a testimoniare significati connessi alla vita, all'evoluzione personale, al cosmo, alla stabilità e alla forza.

L'albero Bodhi nella tradizione buddhista, è il luogo dove Buddha ottenne l'illuminazione suprema e nella tradizione vedica il capovolgimento della rappresentazione dell'albero mira ad accentuare l'idea di una provenienza dall'alto del potere.

L'albero svolge inoltre una funzione di mediazione tra mondi apparentemente opposti, recando dentro di sé un'aspirazione verso l'alto, simbolo del cammino di crescita e di evoluzione.

Esso incarna l'idea della vita che dalla terra si propaga fino alle altezze, ramificandosi e irradiandosi in ogni parte del cosmo, fino a farsi asse del mondo, ricollegandosi così alle rappresentazioni del centro e della totalità.

«Lo stato autoreferenziale di pura coscienza è una fonte inesauribile e infinitamente dinamica di energia e creatività. A partire da essa, l'intera creazione procede incessantemente nella sua infinita varietà, riproducendosi continuamente»

(Maharashi)

Nella tradizione cabalistica, l'albero della vita è composto da 10 Sephirot o Sfere, che simboleggiano contemporaneamente gli attributi posseduti dalla divinità e le dimensioni archetipali della psiche.

La profonda connessione tra la mente e l'albero della vita, ossia in altri termini prospettici tra l'uomo e il divino, è possibile grazie alla presenza di un'analogia strutturale macro-microcosmica tra psiche e cosmo.

Tali corrispondenze sono mediate dalle proprietà delle Sephirot, la cui potenza si manifesta sotto forma di attività emanativa discendente, incarnandosi nella coscienza sottoforma di archetipi mentali.

Tale trasposizione dei significati, nell'atto della densificazione energetica, rende intelleggibili alla mente i significati metafisici occulti, anche se in un primo momento essi permangono ad un livello preconscio, e va creando le vie di connessione tra la coscienza umana e il cosmo.

Senza comprendere la profonda importanza che la simbologia connessa all'albero della vita ha nell'ermeneutica della dottrina cabalistica, non possiamo cogliere a pieno la risonanza metafisica delle fondamenta concettuali da cui viene fatta derivare tale profondità di connessione.

In numerosi resoconti di NDE, questo emergere dal sé di un sentimento di fusione simbiotica con il divino durante l'immersione in una luce trascendentale, è molto frequente ed è il momento dell'esperienza pre-morte dotato di maggiore significatività spirituale.

Osservando la questione sotto un diverso profilo, possiamo concepire l'albero della vita come una sorta di percorso di psicoterapia metacognitiva, che impegna l'uomo nel difficile e impegnativo processo di comprensione dei significati della sua esperienza: le Sephirot, in questo processo, rappresentano gli elementi della vita psichica e le tappe mentali del percorso evolutivo interiore. Nella dottrina esoterica ebraica la realizzazione spirituale è una via che conduce alla trascendenza, andando a investire risorse interiori molto più profonde della sola elaborazione dei significati esistenziali, spostando l'attenzione su elementi che appartengono a piani di esistenza aventi natura divina.

"L'Albero della Vita è il programma secondo il quale si è svolta la creazione dei mondi; è il cammino di discesa lungo la quale le anime e le creature hanno raggiunto la loro forma attuale.

Esso è il sentiero di salita, attraverso cui l'intero creato può ritornare al traguardo cui tutto anela.

È anche la "scala di Giacobbe", la cui base è appoggiata sulla terra e la cui cima tocca il cielo"

(Rito Simbolico Italiano)

Lo studio dell'albero della vita può quindi essere un'utile guida per orientarsi nella ricerca del sé, indipendentemente dal fatto di avere sposato una prospettiva religiosa, esoterica, o metafisica dell'esistenza.

Nella simbologia dell'albero della vita rileviamo anche un altro aspetto strettamente connesso alla questione inerente la natura della coscienza nelle NDE.

Se da una parte infatti la cosmologia ebraica suggerisce che il potere proceda in direzione discendente dal cosmo fino alla parte più profonda della psiche, questo implica anche che il processo di restituzione dell'integrità originaria del sé passa attraverso la speculare risalita dalla materia fino alle origini della conoscenza suprema.

La coscienza ordinaria, secondo questa visione, per poter accedere alla visione unificata sacramentale, deve riappropriarsi delle sue origini pre-riflessive, risalendo a ritroso lungo i piani della Manifestazione.

Si tratta di considerazioni che a un livello più generale investono molto da vicino la secolare contrapposizione tra dualità e non dualità e di come la loro apparente dicotomia, di difficile risoluzione, applicata alle questioni come la natura della coscienza e la realizzazione interiore, possa venire risolta solo all'interno di una logica che smetta di assegnare priorità alla sola coscienza ordinariamente intesa, per concepire altri modi dell'essere e dell'esserci.

9.2.3 Continuità del sé nel dopo vita

Tra le questioni di ordine metafisico su cui la diffusione della letteratura sulle esperienze pre-morte ha avuto maggiore risonanza, è quella inerente alla possibilità che esse vadano in qualche modo fornendo supporto dimostrativo all'esistenza di un aldilà nel quale la coscienza sopravvive alla morte del corpo fisico.

L'inevitabilità della morte si è tradotta per l'umanità nell'urgenza di comprenderne la natura e nell'enorme attenzione che tale tematica ha ricevuto in ambito filosofico, psicologico, medico e religioso.

Dal momento che la consapevolezza della propria finitezza e l'attesa della propria morte, spesso va esacerbando la componente ansiogena relativa alle questioni riguardanti il futuro e la propria identità, dimostrare l'esistenza di una vita dopo la morte, getta in qualche modo le premesse per una migliore gestione di quest'ansia e rende la morte in qualche modo più accettabile.

L'interesse per il dopo-morte è compresente in tutte le epoche della storia dell'umanità, e numerose tracce archeologiche attestano l'esistenza di un gran numero di culti antichi in onore dei morti e rituali di sepoltura aventi lo scopo di assicurare all'anima del trapassato un viaggio migliore. L'espressione massima di questo tabù della morte è rinvenibile tuttavia soprattutto nelle società occidentali moderne, dove, all'esibizione dei cadaveri e i riti collettivi dedicati alla morte dell'antichità, sono state sostituite forme tese a occultare e rimuovere dal visibile questo fatto naturale, in un silenzio che lascia poco spazio alla condivisione, allo scopo di allontanare il più possibile dal quotidiano la consapevolezza che la morte esiste.

«quell'avvenimento spaventoso, traumatizzante e odioso [...] fatto esclusivamente evenemenziale, ormai privo di senso spirituale: il morire non è più che l'intrusione del nonsenso nella vita»

(Di Mola)

Ciononostante, l'inevitabilità della morte è rimasta una parte integrante della vita, e nell'era moderna l'umano tentativo di controllare e dominare la natura, rappresentato in ultimo dalla lotta scientifica contro l'inesorabilità di questa condizione, ha apportato importanti progressi.

La medicina dell'antichità corroborava una visione del mondo dove morte e malattia rappresentavano eventi facenti parte dei naturali processi di cambiamento e li interpretava come qualcosa che rientrava nell'ordine armonico del cosmo.

Questa rimane la visione prevalente in ambito medico fino al secolo scorso, quando, con l'affermarsi della fisiologia, sopravviene una visione meccanicistica e materialistica dell'uomo. La lotta per affrontare la mortalità è riuscita in epoca moderna a prolungare effettivamente l'esistenza degli individui, ma non è ancora riuscita nell'ambita impresa di cancellare la morte dall'esistenza dell'umanità.

Nel progressivo imporsi di una visione dell'esistenza caratterizzata da un sempre maggiore aumento dell'attaccamento alla vita, come conseguenza dei progressi medici, anche il tabù della morte si è ridimenzionato inglobando al suo interno aree di pensiero inerenti all'aldilà metafisico. Il successo ottenuto con l'attualizzazione del processo di prolungamento della vita in ambito medico è stato in un certo senso trasposto nella speranza di un tale proseguimento anche dopo la morte e sono nate nuove aree di ricerca allo scopo di indagarne la natura.

Quello che abbiamo descritto fino a questo punto è l'entroterra culturale e metafisico nel quale la riflessione sulla continuità del sé è andata maturando e alimentandosi.

L'estensione di questa riflessione è andata poi inglobando numerose tematiche concernenti l'esistenza di mondi alternativi di natura ultraterrena.

Ci sono infatti numerosi studi che, pur indagando e approfondendo la questione della sopravvivenza del sé dopo la morte, non hanno fatto alcuna menzione di concetti prettamente religiosi connessi all'aldilà, preferendo parlare di esistenza di realtà alternative.

Ad esempio, Kearl (2010) è del parere che quello che lui chiama "post-sé" mantenga una sua integrità metafisica anche dopo la morte e possieda le risorse per interagire successivamente con i vivi.

Concepito in quest'ottica, il momento della morte rappresenta una fase di transizione e passaggio attraverso realtà aventi diversa natura, che, pur trovandosi a diversi livelli di esistenza, mantengono la capacità di porsi in relazione.

L'identità personale dell'individuo e la sua coscienza, nella rivalutazione di alternative metafisiche alla transuenza del sé, non subirebbero una cancellazione con l'avvento della morte, ma si trasformerebbero in qualcosa di più elevato, di natura trascendentale.

Howarth (2000) suggerisce di considerare il confine tra la vita e la morte come qualcosa di non ben delineato, dai margini sostanzialmente sfuocati, in cui reimmaginare i defunti come qualcosa la cui presenza persiste a contatto con il mondo dei viventi.

Queste argomentazioni sono altamente significative, poiché in esse riecheggia una volontà celebrativa del sé, la cui sopravvivenza oltre la morte ne testimonierebbe l'intrinseca e sostanziale forza metafisica. Se le identità non vanno distrutte e non possono essere soppresse con la morte, la loro conservazione può implicare anche la possibilità che esse possano eventualmente manifestare la loro presenza in molteplici modi.

L'approccio a una concezione metafisica del sé e dei suoi rapporti con il dopo-vita induce a ripensare lo statuto ontologico del mondo ordinario, ritenuto troppo spesso a-prioristicamente superiore a qualsiasi altro mondo o regno esistente.

La questione va quindi spostandosi a livello dei significati potenziali che una tale prospettiva porta inevitabilmente con sé, non soltanto in relazione alla natura metafisica o post-fisica di una tale dimensione, ma per ciò che esso può rappresentare nei termini di un'evoluzione trascendentale della coscienza.

Confrontando la questione con i significati che essa ha assunto nella letteratura religiosa della tradizione giudaico-cristiana, l'interpretazione simbolica di alcune delle descrizioni che vengono fatte circa la condizione umana nell'aldilà sono fortemente connesse alla questione della mente e delle sue potenzialità realizzative.

Tra le citazioni più pertinenti in merito al nostro tema di analisi è la descrizione del cammino che l'uomo deve compiere per la sua realizzazione spirituale completa fatta da San Paolo.

«... dovete deporre l'uomo vecchio con la condotta di prima, l'uomo che si corrompe dietro le passioni ingannatrici. Dovete rinnovarvi nello spirito della vostra mente e rivestire l'uomo nuovo»

(Lettera di S. Paolo agli Efesini)

"Non fissiamo lo sguardo sulle cose visibili, ma su quelle invisibili, perché le cose visibili sono di un momento, quelle invisibili invece sono eterne"

(Seconda lettera ai Corinzi)

Riscontriamo in questo testo gli elementi di un insegnamento che ha forti affinità con la dimensione metacognitiva dell'esistenza, ancor prima che con quella strettamente morale.

Nella direzione sopracitata va anche un altro interessante riferimento al percorso da compiere per l'uomo che voglia rinnovarsi e raggiungere le vette della sua eccellenza spirituale, tratto dall'Apocalisse.

«Al vincitore io darò da mangiare dall'albero della vita...»

(Apocalisse 2,7)

«In mezzo alla piazza della città e da una parte e dall'altra del fiume si trova un albero di vita [...] le foglie dell'albero servono a guarire le nazioni...»

(Apocalisse 22,2)

Ci sono numerosi punti di contatto tra l'escatologia finale descritta nei testi sacri e le potenzialità di realizzazione spirituale dell'uomo che in qualche modo si sia saputo esentare dall'ordinarietà che il suo stato mortale gli ha imposto, per riunirsi a quella gnosi primordiale da cui scaturisce una visione rivelata dell'esistenza.

Se l'aldilà metafisico e il viaggio attraverso altri piani di realtà possono rappresentare la fonte tramite cui la conoscenza spirituale si manifesta, le NDE introducono importanti motivi per condividere una tale visione.

Tra gli elementi della fenomenologia NDE che più da vicino sono stati coinvolti nel dibattito inerente la possibilità di una sopravvivenza del sé dopo la morte, sono le esperienze di incontri con la luce, entità sovrannaturali e spiriti di deceduti, e la possibilità che la coscienza possa fuoriuscire dal corpo testimoniata dalle numerose esperienze OBE.

Le ineludibili implicazioni soggettive e metafisiche che i concetti inerenti a morte, tempo, natura della coscienza, possiedono, nonostante si possa obbiettare che si tratta di realtà poco definite e poco definibili, sono parte di una più ampia storica riflessione dell'umanità, che da sempre si è dovuta confrontare con la propria finitezza e le sue conseguenze.

È quindi di massima rilevanza comprendere la significatività che le diverse prospettive metafisiche, riguardanti il sé e la continuità della coscienza, hanno avuto in relazione al fenomeno delle esperienze perimortali, poiché la restituzione di una dignità ontologica al fenomeno delle NDE e un suo inquadramento complessivo non può prescindere dal prendere in considerazione tali questioni.

9.3 Convergenza tra NDE ed esperienze mistiche

9.3.1 Le visioni mistiche nella sistematizzazione di S. Giovanni della Croce

Di grande interesse sono le numerose analogie riscontrate tra alcune delle caratteristiche delle visioni mistiche di famosi santi della storia e la fenomenologia delle visioni nelle NDE.

Ci concentreremo in particolare sull'analisi sistematica che S. Giovanni della Croce, celebre teologo e mistico spagnolo del Cinquecento, per il valore non dogmatico che la sua sistematizzazione di esperienze allucinatorie possiede, e poiché esse ci offrono la possibilità di fuoriuscire dal paradigma biologico-meccanicistico, approcciando al contempo la tematica delle visioni in un modo straordinariamente logico e chiaro.

Premettiamo che il concetto di allucinazione è stato impiegato per classificare le esperienze delle visioni solo in un'epoca successiva a quella in cui la teologia mistica di S. Giovanni nacque.

Sono infatti molte le implicazioni che l'uso del termine "allucinazione", dalla valenza intrinsecamente peggiorativa, ha portato con sé, non ultima la svalutazione e la riduzione dei significati connessi alle visioni a meri sintomi di un disturbo mentale.

La promozione e la successiva diffusione del termine "allucinazione" è avvenuta durante il periodo di medicalizzazione che ha interessato l'epoca settecentesca.

In questo contesto, la medicina ha rivendicato la propria autorità su tutte quelle esperienze che erano state tradizionalmente appannaggio della conoscenza religiosa o spirituale.

Da un altro punto di vista, anche se l'uso del termine *"allucinazione"* non è del tutto appropriato, esso sarà in qualche modo necessario per comunicare i concetti che intendiamo sviluppare circa le analogie tra la struttura delle visioni mistiche e la fenomenologia delle esperienze pre-morte.

S. Giovanni si unisce all'Ordine Carmelitano all'età di 21 anni, fortemente attratto dal suo approccio contemplativo.

Un evento molto importante, avvenuto mentre S. Giovanni era ancora molto giovane, contribuisce a orientarlo verso questa scelta, ossia una comunicazione presumibilmente pronunciata da Dio, in cui gli veniva anticipato il suo futuro:

«Tu mi servirai, in un ordine la cui perfezione tu aiuterai a restaurare» (Peers)

L'impostazione di quest'ordine era stata precedentemente restaurata da Santa Teresa d'Avila, che lo chiamò "Carmelitani Scalzi", caratterizzandone lo stile di vita attorno alle pratiche di contemplazione, silenzio e preghiera.

L'alta considerazione di un tale approccio sperimentale alla vita interiore era motivato dall'idea che il silenzio possa rappresentare uno strumento massimamente efficace per indurre profonde esperienze interiori.

S. Giovanni, nel suo libro *The ascent of Mount Carmel* intraprende un'analisi sistematica delle allucinazioni.

Nonostante l'ambito della teologia mistica sia quanto di più oscuro e vago si possa incontrare tra i campi di studio, l'insolita chiarezza dei testi di S. Giovanni su questo argomento ne fa un candidato d'elezione per uno studio metafisico della fenomenologia delle visioni.

È importante comprendere l'entroterra culturale entro cui si è sviluppata la struttura della teologia mistica di S. Giovanni della Croce, poiché, allo stesso modo in cui molte delle teorizzazioni nate in epoca moderna subiscono l'influenza dell'attuale paradigma dominante, così i concetti che ritroviamo all'interno di tale sistematizzazione vanno inseriti e compresi riferendosi al paradigma mistico-religioso dominante all'epoca in Spagna.

Questo non allo scopo di sminuire il valore intrinseco di un paradigma a favore di un altro, ma allo scopo di avvalorare lo statuto ontologico della conoscenza di ogni epoca, il cui significato può essere del tutto concepito solo considerando il contesto culturale dal quale è emerso.

All'interno di questo paradigma sono stati operati chiari distingui circa la natura delle visioni, delle quali non tutte erano considerate di origine divina.

Operare una distinzione circa la fonte di provenienza è infatti un'operazione fondamentale, affinché non si cada nell'errore di ritenere che qualunque allucinazione udita o vista con la mente, e non razionalmente spiegabile, abbia origini soprannaturali.

Quest'attenzione alla fenomenologia delle visioni mistiche e la loro relativa analisi nasce proprio dalla necessità di operare validi distingui ontologici all'interno di un fenomeno che troppo facilmente è soggetto a suggestionabilità e può quindi condurre facilmente alla formazione di erronee certezze.

Da questo punto di vista è interessante che già nella teologia mistica del Cinquecento si ritenesse che la mente fosse capace di sperimentare illusioni e che molte delle visioni dei mistici fossero in realtà solo il frutto di processi immaginativi della mente o il prodotto di distorsioni della realtà. Di qualunque campo di conoscenza si stia parlando, infatti, l'esistenza del dubbio rappresenta il fondamento di ogni indagine su una conoscenza che intenda davvero superarsi ed evolversi. Il fatto che, nella prospettiva di S. Giovanni, la dubitabilità della provenienza delle visioni prenda il posto di un dogmatismo chiuso nelle sue certezze assolute, ci restituisce in un certo senso il valore di quest'analisi, che, nonostante appartenga al Cinquecento, rappresenta un documento di grande valore.

Anche se non sono mancati aspetti di tale analisi i cui limiti ne hanno scoraggiato l'ulteriore approfondimento, gli scritti di S. Giovanni della Croce possono essere di grande utilità nell'informare l'attuale studio sulle allucinazioni.

9.3.1.1 Fenomenologia delle allucinazioni

La classificazione delle allucinazioni di S. Giovanni della Croce è stata notevolmente influenzata dalla tripartizione che S. Agostino fa tra visioni corporee, immaginative e intellettuali.

La prima distinzione che S. Giovanni introduce è quella tra canali "naturali" e "sovrannaturali", intendendo con questo riferirsi al modo in cui l'informazione è ricevuta.

I canali "naturali" comprendono tutti gli stimoli provenienti dagli oggetti esterni e veicolati dalle sensazioni corporee, e tutto ciò che viene creato attraverso l'uso delle facoltà immaginative. I canali "sovrannaturali", invece, includono tutta quella conoscenza proveniente da altri piani di esistenza, che supera l'ordinaria capacità di comprensione della mente, ed è esattamente quest'ultimo tipo di conoscenza che investe primariamente il nostro interesse, in virtù delle numerose analogie con la fenomenologia delle visioni nelle esperienze pre-morte.

Una prima importante differenza tra conoscenza ottenuta per via "naturale" e quella ottenuta per via "sovrannaturale" è che, mentre l'elaborazione delle informazioni che raggiungono i sensi corporei interiori richiede un investimento energetico maggiore in termini cognitivi, coinvolgendo processi immaginativi di costruzione attiva della realtà, la conoscenza "sovrannaturale" viene ricevuta in modo passivo, sovraordinato, e non richiede nessuno sforzo cognitivo da parte della mente.

In questo senso, tale differenza interpretativa offre numerosi paralleli con la principale critica che i teorici "out-of-brain" hanno avanzato contro l'ipotesi materialistica che le visioni durante le NDE siano allucinazioni.

In essa si osservava infatti che la mente, per creare un'allucinazione complessa, ha bisogno di utilizzare una quantità notevole di risorse energetiche cerebrali, che nel caso di pazienti incoscienti, anche ammettendo che ci siano residui di attività elettrica che non sono stati monitorati, sarebbero comunque troppo ridotti per permettere l'emergere di un fenomeno così complesso.

Rileggendo questa critica sulla base delle analisi delle visioni che fa S. Giovanni, si potrebbe considerare l'ipotesi che le visioni durante le NDE siano di natura sovrannaturale, e quindi questo sia il motivo per cui esse possono manifestarsi anche in assenza di attività cerebrale.

Al tempo stesso, tuttavia, S. Giovanni non esclude che in alcuni casi si tratti di un'allucinazione prodotta dall'attività immaginativa, nel qual caso tutte le obiezioni scientifiche manterrebbero la loro piena validità e attinenza.

Un'altra dicotomia introdotta da S. Giovanni riguarda la differenza tra conoscenza soprannaturale "distinta e speciale" e conoscenza "confusa, generale e oscura".

Nel caso delle visioni "distinte e speciali", esse si manifestano sotto forma di immagini, rivelazioni, locuzioni, sentimenti spirituali, percepite in modo palpabile e nitido.

Ciò che domina la conoscenza sovrannaturale "distinta e speciale" sono i sentimenti spirituali che essa fa affiorare, le sensazioni sperimentate in modo estremamente realistico e vivido: una descrizione che assomiglia molto al modo in cui Greyson descrive l'estrema lucidità di visione sperimentata durante le visioni nelle NDE e la percezione di realtà che possiedono.

Per quanto riguarda la conoscenza soprannaturale del secondo tipo, ossia quella "confusa, generale e oscura", essa, secondo S. Giovanni, è ciò a cui l'anima dovrebbe tendere e incarna quel genere di sapere che deriva dalla contemplazione della fede.

Su di esse non c'è molto da dire, dal momento che la loro natura è tale da rivelarsi solo tramite il non detto, e il suo contenuto ha spesso natura pre-discorsiva.

Nella sistematizzazione di S. Giovanni, è quindi possibile identificare una serie importante di dimensioni fenomenologiche, da cui emerge una significativa convergenza con le caratteristiche delle visioni durante le esperienze pre-morte.

9.3.1.2 Vivacità, bellezza e luminosità

Secondo S. Giovanni della Croce, le allucinazioni che coinvolgono i sensi interni possiedono una qualità fenomenologica molto diversa da quelle che coinvolgono i sensi esterni, caratterizzandosi come "più belle e perfette" oltre che "più luminose".

La luminosità delle visioni intellettuali "distinte e speciali" possiede un'intensità peculiare, che raggiunge il suo apice durante gli incontri con le entità sovrannaturali.

Dalla letteratura sulle NDE, evinciamo numerose analogie tra queste descrizioni e i resoconti che i resuscitati fanno sia degli incontri con gli spiriti, che della luce che pervade lo spazio metafisico nel quale si trovano immersi: le caratteristiche di vivacità e bellezza accompagnano spesso la descrizione che viene fatta delle esperienze pre-morte.

È spesso riportata una maggiore vividezza percettiva, estendibile anche alle allucinazioni uditive.

«non era come una visione normale. È stato più luminoso, più messo a fuoco e più chiaro della normale visione»

(Kelly)

«un udire più chiaro con le orecchie»

(Kelly)

Da questo punto di vista le NDE possono essere considerate un caso specifico di allucinazioni visive e uditive che coinvolgono i sensi interni, come si evince dall'analisi fatta da S. Giovanni, dal momento che le persone sono spesso del tutto incoscienti e non hanno accesso alle informazioni provenienti dall'esterno.

In relazione alla caratteristica illuminazione che domina le visioni "distinte e speciali", esse sono estremamente simili alle caratteristiche che alcuni sopravvissuti hanno segnalato durante le visioni di NDE, come la presenza di una luce incredibile ma tuttavia non accecante.

Morse & Perry (1992) sostengono addirittura che l'esperienza di questa luce è l'essenza ultima delle esperienze pre-morte, il momento di maggior impatto spirituale e trasformativo.

In molte casistiche NDE inoltre, le entità incontrate durante l'esperienza perimortale sono descritte come circondate da un globo di luce.

9.3.1.3 Esperienze fuori dal corpo

S. Giovanni della Croce sostiene che, durante le visioni incorporee, l'individuo può sperimentare fenomeni di fuoriuscita dal proprio corpo, sia durante le allucinazioni visive sia durante quelle uditive, pur essendo del parere che non sia possibile per colui che ne fa esperienza operare distinzioni certe circa l'effettiva localizzazione spaziale in cui ciò sta avvenendo.

Una fenomenologia simile viene tipicamente riscontrata durante le esperienze pre-morte, dove sono numerose le descrizioni di OBE riportate dai sopravvissuti.

9.3.1.4 Comunicazioni di natura non verbale e ineffabilità

Natura non verbale delle comunicazioni e ineffabilità, nonostante abbiano molteplici aree di sovrapposizione descrittiva, sono sostanzialmente caratteristiche diverse delle allucinazioni.

Ad esempio, la proprietà fondamentale che Giovanni della Croce attribuisce alle visioni intellettuali è la difficoltà di trasporre in parole le conoscenze che sono state ricevute tramite esse, ossia l'ineffabilità.

E, nel caso specifico delle visioni intellettuali di natura *"confusa, generale e oscura"*, questa difficoltà si traduce in una vera e propria impossibilità assoluta di comunicarne i contenuti, dal momento che ciò che viene ricevuto attraverso tale modalità appartiene per S. Giovanni alla rivelazione dei misteri segreti.

Quest'ultima forma di conoscenza, pertanto, investe comunicazioni di natura non verbale ed è inoltre incomunicabile, mentre la conoscenza ottenuta tramite visioni intellettuali di natura "distinta e speciale", sulla base delle caratteristiche che abbiamo precedentemente descritto, avviene in modo distintamente udibile, anche se spesso trasporne i contenuti in una forma verbale presenta molteplici difficoltà.

Queste esperienze, nell'attuale indagine sulla fenomenologia delle NDE, sono di grande importanza, poiché sono molti gli individui che durante l'esperienza pre-morte riferiscono di avere ricevuto intuizioni e comunicazioni sulla natura dell'essere e della vita, la cui traduzione in parole risulta molto ardua.

Da una parte, quindi, abbiamo tutte quelle comunicazioni ricevute sotto forma di proposizioni verbali, in alcuni casi aventi come scopo di guidare e indicare la via da seguire, in altri atti a delucidare circa avvenimenti futuri, che la persona è in grado di riportare così come le sono state trasmesse, parola per parola.

Dalle testimonianze in merito, emerge che tali informazioni vengono attribuite a fonti diverse: a parlare può essere stato lo spirito di un deceduto conosciuto o sconosciuto, o anche un'entità specifica.

Questo genere di conoscenza è comparabile a quella che S. Giovanni definisce visione intellettuale incorporea "distinta e speciale".

Un esempio di questo genere di allucinazione è tratto dal celebre caso dell'alpinista Joe Simpson (Simpson, 1988), che dopo un orribile incidente alpinistico strisciò per quattro giorni per far ritorno al suo campo base, e quando oramai la vita lo stava lasciando, negli ultimi giorni del suo viaggio infernale, udì una voce *"pulita, nitida e imponente"* che gli diceva di proseguire, poiché sarebbe sopravvissuto.

Joe Simpson, dopo questa comunicazione, trovò la forza per arrivare a destinazione e incredibilmente sopravvisse.

Durante le esperienze NDE, c'è poi una classe di intuizioni e conoscenze, ricevute in modo non verbale, dalla sostanziale inconsistenza concettuale, la cui origine viene in genere attribuita all'opera di forze superiori con cui la persona sente di essere in contatto simbiotico.

Il contenuto di tali generi di comunicazioni è inintelligibile sotto il profilo verbale già in fase di ricezione, ed è quindi conseguentemente impossibile per la persona trasporre tale nucleo conoscitivo in una forma verbale.

Questa seconda classe di comunicazioni corrisponde più da vicino a quella che S. Giovanni della Croce denota come conoscenza intellettuale di natura "confusa, generale e oscura".

Tale esperienza rappresenta, nella teologia mistica di S. Giovanni, il culmine atmosferico della sapienza, e l'inesprimibilità dei suoi contenuti è probabilmente direttamente proporzionale al livello di profondità e pervasività che la caratterizza.

In entrambi i casi, gli individui che hanno avuto un'esperienza pre-morte qualificano in modo uniforme la loro esperienza come ineffabile e indicibile.

Le conseguenze che queste comunicazioni hanno sulla vita delle persone al loro ritorno in vita sono state ben documentate.

Pennachio (1988) rileva come le esperienze di pre-morte rappresentino un importante veicolo per la rigenerazione e la trasformazione.

Alschuler (1996) e Ring (1986) sono arrivati a postulare che gli effetti trasformativi conseguenti alle NDE siano una possibile evidenza di un nuovo stadio dell'evoluzione umana.

Anche se tale comparazione offre numerose aree di ambiguità e talora numerose obiezioni possono essere sollevate, il suo valore rimane comunque indiscutibile.

Considerazioni conclusive

L'analisi fenomenologica delle allucinazioni di Giovanni della Croce offre molto materiale di indagine nell'ambito delle NDE, sia da un punto di vista metafisico sia da un punto di vista scientifico.

Dato che il nostro scopo era valutare le analogie tra la sistematizzazione di S. Giovanni e il modo in cui sono descritte le visioni di esperienze pre-morte, abbiamo circoscritto quelle caratteristiche che mostravano maggiore aderenza a ciò che intendevamo valutare.

Ciononostante, tra le principali obiezioni che si possono sollevare, la prima è relativa al fatto che il concetto di allucinazione è stato esteso fino a inglobare le esperienze di visioni mistiche, la cui natura è completamente diversa.

Una seconda obiezione mette in risalto come le esperienze a cui Giovanni fa riferimento non sono accorse durante un'esperienza di morte, che è invece il nucleo costitutivo fondamentale delle NDE. Per rispondere alla prima obiezione, l'uso di tale concetto è stato giustificato dal fatto che il termine contemporaneo "allucinazione" non si riferisce a qualcosa avente un'esistenza ontologica indipendente e quindi può essere impiegato con una certa elasticità.

In relazione alla seconda obiezione, si deve considerare che lo scopo della nostra analisi comparativa era quello di esaminare come la concezione della fenomenologia delle visioni, nel trattato di teologia mistica di S. Giovanni della Croce, può aiutarci ad avere una più esaustiva comprensione delle potenzialità fenomenologiche delle visioni durante le esperienze pre-morte. Considerando che le NDE, concepite come lungo un continuum che nell'estremo più materialistico confina con una lettura medico-scientifica, e nell'estremo più immateriale sfocia in una lettura di ordine metafisico-religiosa, sono state ricollegate alla questione inerente le allucinazioni da entrambe le prospettive, l'importanza della sistematizzazione di S. Giovanni diventa chiara.

Essa, se da una parte ha contribuito a portare chiarezza e ordine logico nell'ambito quanto mai oscuro della teologia mistica, facendo luce sulle caratteristiche fenomenologiche dell'esperienza delle visioni, dall'altra è riuscita a identificare e classificare in modo estremamente sistematico le caratteristiche delle allucinazioni, divenendo un riferimento molto importante anche per il loro attuale studio scientifico.

Riteniamo quindi che l'importanza di questa comparazione, oltre alle notevoli convergenze emerse con i resoconti di esperienze di visioni durante le NDE, possieda un valore storico assoluto sotto molti punti di vista.

9.3.2 Sovrapposizione tra elementi del viaggio sciamanico e NDE

Le esperienze pre-morte sono state connesse a un gran numero di tradizioni antiche, molte delle quali non sono soltanto sistemi filosofici o religiosi, ma veri e propri metodi per indurre esperienze spirituali.

Concezioni simili possono essere rinvenute presso i rituali di iniziazione dell'antica Grecia e degli Egizi, allo scopo di generare esperienze pre-morte nei giovani sacerdoti inizianti.

Tuttavia la chiarezza di tale connessione raggiunge il suo culmine nella più antica delle tradizioni spirituali, ossia lo sciamanesimo.

Esaminare la relazione intercorrente tra le esperienze pre-mortali e quelle sciamaniche ha qui lo scopo non solo di evidenziare le eventuali aree di sovrapposizione, ma anche quello di mostrare come lo studio dello sciamanesimo possa aiutarci nello sviluppo di una metodologia applicata alle NDE in ambito scientifico.

Se da una parte la consapevolezza del profondo legame tra NDE e sciamanesimo è già da molto tempo presente presso la cultura sciamanica, non sembra che invece questo aspetto abbia destato grande interesse presso la comunità di ricercatori che si sono occupati del fenomeno pre-morte. All'interno di questo panorama, la sola eccezione è rappresentata dagli studi di Kenneth Ring (1990, 1989), che ha concentrato la sua attenzione sulle aree di sovrapposizione esistenti tra viaggi sciamanici e descrizioni delle esperienze pre-morte.

Secondo Ring la persona che sperimenta una NDE viene avviata verso una sorta di iniziazione sciamanica.

L'autore, commentando come l'esperienza NDE spontaneamente generatasi in prossimità della morte possa essere considerata sostanzialmente lo stesso tipo di evento che lo sciamano ha imparato ad auto-indurre, ipotizza che lo spazio metafisico in cui le persone dicono di essere state durante la loro NDE non sia in realtà l'aldilà o ciò che ci attende dopo la morte, ma un altro piano di esistenza accessibile in ogni momento, la cui manifestazione è parallela alla realtà fisica ordinariamente percepita.

La morte, nella teoria epistemologica proposta da Ring, incarna una condizione di accesso a questo reame, ma, per coloro che possiedono il codice d'entrata a questi luoghi, essi sono disponibili in ogni momento.

Nonostante le iniziazioni sciamaniche possano assumere molte forme diverse e non sempre includano il dover vivere un'esperienza di prossimità alla morte, sono molti i casi di persone che dopo avere avuto una NDE hanno trovato la loro vocazione e sono diventati sciamani.

Questo non significa concludere che tutti coloro che hanno avuto una NDE possano essere considerati sciamani, poiché tale figura è estremamente complessa, ha molte dimensioni e caratteristiche.

Nello sciamanesimo si tratta generalmente di investire in un percorso molto lungo, durante il quale l'aspirante sciamano deve prima apprendere tutte le tecniche dell'arte e iniziare a praticarle all'interno della sua comunità.

Lo status finale di sciamano viene infine conferito dai membri anziani, dopo che l'aspirante avrà dimostrato di avere capacità e conoscenza adeguate.

9.3.2.1 Caratteristiche del viaggio sciamanico

Lo sciamanesimo è un'antichissima tradizione che viene datata come risalente ad almeno 30.000 anni fa.

Nelle culture occidentali la sua pratica è quasi completamente assente, ma, in molte culture tribali e pre-letterate di tutto il mondo, continua ancora oggi a essere molto diffusa.

Nonostante ci siano molti tipi di pratiche sciamaniche e di sciamani, in linea di massima possiamo riscontrare alcune caratteristiche cross-culturali abbastanza ricorrenti e stabili.

È presumibile che esperienze OBE, sogni lucidi, esperienze pre-morte, siano state, nel corso della storia dell'umanità, molto frequenti e che, in qualche modo, esse possano avere rappresentato una fonte di ispirazione per l'elaborazione successiva di numerose tecniche di viaggio astrale, sia nell'ambito della tradizione sciamanica, sia in altri culti religiosi, per poi approdare, negli ultimi decenni, alla sua applicazione in ambito psicoterapeutico.

Lo sciamano è in genere una figura a metà tra il medico-guaritore e il veggente, dal momento che possiede una conoscenza molto vasta delle antiche tecniche di guarigione relative a problemi fisici, psicologici e spirituali, che mette in atto per il benessere della comunità di cui fa parte.

Il suo viaggio in altri mondi inizia con la separazione della coscienza dal corpo fisico, esperienza che generalmente viene descritta in modo molto simile a come i sopravvissuti descrivono le NDE: inizialmente c'è un tunnel, generalmente con una luce alla sua fine, il cui attraversamento conduce in un altro universo.

Questo nuovo mondo dove viaggiano gli sciamani, secondo alcuni autori, è lo stesso dove le persone che sono morte si sono ritrovate dopo il passaggio attraverso il tunnel di luce.

Durante il viaggio lo sciamano entra in uno stato di coscienza alterato, che Harner (1980) chiama "*shamanic state consciousness* (SSC)".

Il raggiungimento di questo stato gli permette di penetrare una realtà non ordinaria, in cui egli è addestrato per muoversi consapevolmente, tramite l'uso dell'intento, lungo i tre regni che la compongono, e in genere questi viaggi vengono fatti per scopi specifici.

Nella cosmologia sciamanica questi tre reami corrispondono a diversi livelli di esistenza e sono chiamati il "mondo di mezzo", che è quello più vicino al confine con la realtà fisica, il "mondo inferiore" e il "mondo superiore".

Tali dimensioni, secondo lo sciamanesimo, sono popolate da diverse tipologie di spiriti, con cui è possibile entrare in contatto una volta deceduti o durante stati di coscienza alterati.

Essi sono considerati come mondi realmente esistenti, sia pure con caratteristiche e natura molto diversi da quelli posseduti dalla realtà fisica.

Durante i suoi viaggi, ripetuti e molteplici, lo sciamano diventa progressivamente sempre più familiare con tali regni e i loro abitanti, arruolando o chiedendo aiuto ad alcuni di questi spiriti per assolvere diversi scopi.

9.3.2.2 Il lavoro di Michael Harner

Michael Harner è un antropologo ampiamente riconosciuto in tutto il mondo come la massima autorità nell'ambito dello sciamanesimo, la cui influenza sia sul grande pubblico sia sul mondo accademico è stata enorme.

Harner stesso è stato iniziato allo sciamanesimo, fino a diventare praticante e successivamente insegnante di tecniche di viaggio astrale.

Il lavoro di questo ricercatore è stato fondamentale nel diffondere la pratica sciamanica presso il mondo occidentale, nonché a rivitalizzarla in alcune culture tribali.

Tra i suoi studenti sono molte le persone che, anche dopo una breve esposizione dei principi base delle tecniche, hanno riportato qualche resoconto di esperienze di viaggio sciamanico.

9.3.2.3 Implicazioni nello studio delle NDE

Fino a non molto tempo fa, le persone che tornavano in vita dopo avere avuto un'esperienza premorte incontravano moltissimi problemi a integrare ciò che avevano vissuto all'interno della loro esistenza ordinaria.

In parte questo è dovuto al fatto che, prima degli studi di Moody, il fenomeno delle NDE era guardato con notevole sospetto e pregiudizio, ed era per lo più considerato come sintomo o conseguenza di una patologia.

Nonostante negli ultimi due decenni l'interesse verso questo argomento sia notevolmente incrementato e con esso anche gli studi e le ricerche, ancora oggi non esiste alcun metodo formale capace di sostenere il processo di integrazione e comprensione delle esperienze pre-morte da parte dei sopravvissuti.

Studiare lo sciamanesimo potrebbe rendere i resuscitati maggiormente abili nell'integrare i contenuti della loro NDE, accelerando la fase di assimilazione ed elaborazione dell'esperienza, ad esempio tramite la messa in pratica delle tecniche sciamaniche.

Sono infatti molti i casi di coloro che riportano di avere riscontrato numerosi problemi di regolazione della loro esistenza fisica dopo la loro esperienza pre-morte, in alcuni casi arrivando a desiderare di tornare nello stato in cui si trovavano da deceduti.

Dopo la diffusione che la pratica sciamanica ha avuto in Occidente, anche e soprattutto grazie al lavoro di Michael Harner, molti operatori occidentali hanno utilizzato questi metodi, con grande successo.

La teoria che ha guidato questa scelta si è basata sull'idea che, tramite l'accesso ai reami sovrannaturali, le persone possano entrare in possesso di informazioni e ricevere comunicazioni, che permettono l'emergere di nuove forme di realizzazione interiore.

Se da una parte non è possibile dimostrare la validità di una tale teoria, vi sono numerose evidenze che convergono in questa direzione circa le trasformazioni che accorrono dopo le NDE.

Tuttavia, la principale critica degli scettici a queste argomentazioni è che, trattandosi di esperienze di natura soggettiva, rimangono sostanzialmente indimostrabili.

Il paradigma scientifico dominante è costituito prevalentemente da osservazioni di natura empirica e, davanti alle assunzioni metafisiche, spesso, il suo primo scopo è quello di interpretarle. Se in un certo senso manca, da parte di buona parte della visione scientifica, il tentativo di confrontarsi con conoscenze e realtà che poggiano su presupposti metafisici, si potrebbe logicamente obbiettare che prendere in considerazione l'ipotesi che la realtà fisica non sia l'unica possibile non è affatto antiscientifico e illogico.

Se a questo aggiungiamo tutte le evidenze provenienti dalle tradizioni spirituali, questa ipotesi si avvicina in qualche modo a diventare un fatto.

"La scoperta comincia con la presa di coscienza di una anomalia, ossia col riconoscimento che la natura ha in un certo modo violato le aspettative suscitate dal paradigma che regola la scienza normale; continua poi con una esplorazione, più o meno estesa, dell'area dell'anomalia, e termina solo quando la teoria paradigmatica è stata riadattata, in modo che ciò che appariva anomalo diventi ciò che ci si aspetta"

(Thomas Khun)

La diffusione degli studi pre-morte ha svolto un importante ruolo nel dare inizio a un profondo mutamento del paradigma dominante, avviando la visione scientifica verso il superamento del materialismo, nella direzione di quello che Greyson chiama «*il post-materialismo scientifico*». La scienza è nella posizione di avviarsi verso una nuova fase, evolvendosi verso la "scienza pura". Lo sviluppo di modalità terapeutiche basate sui principi spirituali sciamanici potrebbe condurre alla formalizzazione di nuove teorie e sistemi che sostengano coloro che hanno sperimentato eventi di grande impatto esistenziale e spirituale (come sono le NDE) a realizzare pienamente nella loro vita il potenziale della loro esperienza.

Riconoscere la sovrapposizione tra sciamanesimo e NDE, laddove gran parte del lavoro di sistematizzazione delle tecniche e della metodologia, è già stato iniziato dagli sciamani stessi, potrebbe essere quindi un ottimo punto di partenza.

9.3.3 Il Libro Tibetano dei Morti e le esperienze pre-morte

9.3.3.1 Il Bardo Thodol come metafora della coscienza

Le similitudini che emergono tra le descrizioni di esperienze pre-morte e il modo in cui nel Bardo Thodol è descritta la fase di passaggio della coscienza dal mondo dei vivi a quello dei morti meritano grande attenzione.

Le esperienze pre-morte hanno avuto infatti un ruolo chiave all'interno del buddismo tibetano e giapponese: in entrambe queste tradizioni sono evidenti i paralleli molto ravvicinati tra NDE e gli insegnamenti contenuti nei testi sacri fondamentali.

Questa connessione si fa particolarmente stretta in relazione al Libro Tibetano dei Morti o Bardo Thodol.

Il "*Bardo*", rappresenta la condizione della coscienza nell'intervallo tra una vita e un'altra, quando essa, separatasi dalla materia grezza del corpo fisico, finalmente liberata dallo stato materiale, ha la possibilità di muoversi senza ostacoli in qualunque dimensione e direzione.

Questo stadio intermedio può avere durata variabile, a seconda delle caratteristiche con cui la morte sopravviene.

Nelle morti improvvise, esso è molto breve; in quelle che avvengono durante malattie croniche tale intervallo può estendersi anche fino ad alcune settimane.

La mente, una volta abbandonata la grossolanità della carne, inizia un viaggio attraverso diversi stadi, facendo l'esperienza dei "*sei principali stati della mente confusa*", che appaiono sotto forma di visioni, e da cui la coscienza potrà liberarsi se sarà in grado di riconoscere le proiezioni della mente, tutte le fonti da cui discende l'errore, portando a termine il processo di dissoluzione della coscienza egoica separata dal tutto e accedendo, dopo essere stata liberata dall'illusione, alle fonti di conoscenza corrispondenti allo stadio che si è superato.

Da questo punto di vista, il Libro Tibetano dei Morti è un testo di grande valore metafisico e al contempo una sorta di trattato di psicoterapia, poiché esso, nonostante sia stato scritto per guidare i defunti, rivolge l'attenzione anche alle condizioni materiali in cui la mente si trova mentre si è ancora in vita.

L'enfasi particolare con cui viene denotata la necessità che il defunto debba prima liberarsi da quei precipitati psicologici, che lo tengono ancora in qualche modo agganciato alla grossolanità della condizione in cui la sua coscienza si trova prima dell'avvento della morte, è interpretabile come una metafora di ciò che accade durante l'esistenza terrena.

Il Bardo e i suoi stadi possiedono tutte quelle qualità che contrassegnano tipicamente la condizione esistenziale dell'uomo: i grandi cambiamenti cui ciclicamente va incontro nel tempo, le sue crisi, le situazioni che lo costringono ad abbandonare ciò a cui è legato.

Gli elementi costituenti l'esperienza che la coscienza del defunto fa nel Bardo corrispondono alle caratteristiche di criticità psicologica insite in ognuna di quelle crisi di natura umana, di fronte alle quali si pone l'ineludibile alternativa tra la scelta di una crescita o di una stagnazione.

«Ora è giunto il momento di cercare la Via della Liberazione. Infatti, appena la respirazione sarà cessata, ti apparirà il significato dell'indicazione che il maestro ti diede sulla "Chiara Luce" del primostato intermedio. Quando la respirazione è cessata, tutto è una limpida vacuità, come quella dellospazio celeste. In questa dimensione spaziosa sorge una consapevolezza nuda, oltre alla quale non c'è nulla, senza l'idea di centro e periferia, chiara e vuota.

In quel momento devi riconoscere da te stesso la consapevolezza vuota e limpida come la tua vera natura e rimanere in quello stato»

9.3.3.2 Analogie tra Bardo e NDE

La descrizione di ciò che accade dopo la morte, nel Bardo Thodol, ha numerose corrispondenze con le testimonianze delle NDE.

Tra le principali analogie, è il resoconto delle esperienze di fuoriuscita dal corpo di molti dei sopravvissuti, esperienza durante la quale le persone riportano di aver potuto osservare la reazione emotiva di intensa angoscia dei loro parenti mentre il personale medico tentava di riportarli in vita.

Queste descrizioni ricordano molto da vicino quanto si legge nel Bardo Thodol, circa cosa accade quando "il principio della coscienza" abbandona il corpo del morente in prossimità della morte, ed essa quindi vede i suoi parenti e amici che si riuniscono intorno al suo corpo deceduto piangendo.

«Nobile figlio! Quando ti sentirai spinto qua e là dal vento nel perpetuo movimento del karma, il tuo intellettonon avendo oggetto alcuno su cui posarsi- sarà come una piuma spinta dal vento sul corsiero del respiro. Incessantemente, involontariamente, tu andrai errando. A tutti coloro che piangeranno, dirai "Io sono qui, non piangete". Ma siccome essi non ti udranno, tu penserai "Io, sono morto"»

(Il Bardo Thodol)

Un'altra caratteristica delle esperienze pre-morte che presenta importanti aspetti di sovrapposizione è la visione della luce, che nel Libro Tibetano dei Morti appare nel momento in cui il morente vede la luce radiante, pura e immutabile del Buddha: tale incontro generalmente precede il momento in cui la coscienza inizia il suo viaggio attraverso "i sei stati della mente confusa" e il mondo delle immagini mentali.

Il momento del Bardo che precede la morte, in ottica medica, corrisponde alla fase compresa tra arresto respiratorio e cessazione della circolazione sanguigna.

In questo intervallo i sensi vanno incontro a un progressivo affievolimento, la percezione di dualità si fa sempre meno definita, sfuocata, e lo stato ordinario della coscienza lascia gradualmente il posto a uno stato di incoscienza.

Ciò che la mente, raggiunto il decesso cerebrale, percepisce a questo punto, non riguarda più né la forma né il corpo, ma solo luce e immagini intangibili.

Nel buddhismo tantrico quest'esperienza è nota come l'incontro con *"la chiara luce della morte"* ed è un momento fondamentale attraverso cui il morente può accedere alla vera realizzazione spirituale e ottenere l'illuminazione.

Il Bardo del divenire, lungo il quale la coscienza viene liberata, può prolungarsi anche fino a 49 giorni, al termine del quale compaiono le luci delle sei sfere di esistenza, di cui una in particolare, quella che rappresenta la condizione esistenziale in cui il defunto si reincarnerà, possiede una brillantezza maggiore di tutte le altre.

Diventa però qui evidente anche una delle differenze principali che emergono tra il modo in cui i sopravvissuti descrivono le loro esperienze pre-morte e la concezione del dopo vita nella filosofia buddista.

Anche se in questa sede non è nostro precipuo scopo approfondire tale questione, riteniamo comunque utile profilarne il contenuto.

È lo stesso Dalai Lama, a criticare, con un'argomentazione tra l'altro estremamente logica, la veridicità delle visioni dei parenti defunti durante le esperienze pre-morte, dal momento che esso si rivela incompatibile con la dottrina dei cicli delle reincarnazioni.

Secondo il Dalai Lama, dal momento che gli spiriti dei morti, soprattutto se deceduti da molto tempo, si sono già reincarnati altrove, la visione dei parenti non più in vita durante le NDE sarebbe il frutto di una fantasia oniroide.

Da questo punto di vista, la scienza e religione approdano a una conclusione molto simile, sia pure partendo da punti di vista sostanzialmente inconciliabili.

Un ultimo elemento di analogia tra la fenomenologia delle esperienze di prossimità alla morte e il Bardo Thodol è rappresentato dal fenomeno noto alla letteratura medica come *"death bed vision"*, durante cui la mente del paziente in condizioni terminali entra in una fase di progressiva perdita delle facoltà ordinarie di orientamento e percezione, e affievolendosi il contatto che i sensi ordinari intrattengono con la realtà fisica, si ha l'apertura di quelle che Huxley chiama *"le porte della percezione"*, e compaiono delle visioni.

Le analogie complessive tra visioni sul letto di morte, esperienze di natura mistica, stati della coscienza nel "Bardo", effetti degli allucinogeni e produttività mentale in condizioni terminali, contribuiscono a dare solidità ad una possibile interpretazione unitaria dei più suggestivi e misteriosi fenomeni della coscienza, laddove la tradizionale inconciliabilità tra aspetti spirituali, psicologici, fisiologici e neurochimici venga superata da una panoramica di più ampio respiro.

9.3.3.3 I limiti del pregiudizio culturale

Il fascino che la visione buddhista della morte ha esercitato, è ed è stato culturalmente enorme. Quello che oggi il buddhismo incarna, è il risultato di più di 2000 anni di introspezione, contemplazione, pratiche di meditazione, unite al rigore e alla lucidità con cui la natura della mente è stata indagata da una prospettiva non materialistica.

La cultura occidentale, dominata da una visione egocentrica ed etnocentrica della conoscenza, ha spesso liquidato questo genere di conoscenza come il prodotto di superstizioni legato a visioni primitive dell'esistenza.

Quest'atteggiamento pregiudiziale si è poi tradotto, a un altro livello, in una rigidità culturale, che ha rappresentato il primo ostacolo per una comprensione più ampia dei fenomeni connessi alla prossimità della morte e alle questioni inerenti la natura della coscienza.

"È il peccato capitale della cultura occidentale, appellatasi ad una vana sterilità pregiudizale, da cui ha emesso roboanti sentenze dall'alto di una superiorità fondata su vacue certezze di natura materialistica"

(Nera Luce)

10

Conseguenze dell'esperienza pre-morte

10.1 Trasformazioni e cambiamenti dopo la NDE

La maggior parte di coloro che "tornano in vita" dopo un'esperienza pre-morte riportano di essere stati profondamente e significativamente traformati, in molti modi e a molti livelli.

Tra i principali ambiti di risonanza delle NDE, sono le dimensioni esistenziali e spirituali dei sopravvissuti.

Traa le prime sistematiche ricerche che hanno indagato le esperienze pre-morte e le sue conseguenze, emergono i pioneristici studi di Raimond Moody, che segnala, tra le trasformazioni ricorrenti a seguito di un'esperienza pre-morte, la presenza di un maggiore apprezzamento per la vita e la riduzione, se non in alcuni casi la cancellazione completa, della paura della morte. In uno studio di Morse & Perry (1992), su una casistica di 350 adulti, di cui 100 riferiscono di avere avuto un'esperienza pre-morte quando erano bambini, emerge che la maggior parte di questi ultimi sono stati cambiati in modo profondo e definitivo dalla loro NDE, e che questo cambiamento aveva interessato stabilmente tutta la loro vita dopo quel momento.

Un altro dato interessante emerso da questa ricerca è che molti dei sopravvissuti manifestano una certa riluttanza nel raccontare la loro storia, per timore di essere ridicolizzati od ostracizzati, soprattutto quando coloro con cui ne parlano non assegnano alcun valore di realtà a tale esperienza e sono scettici.

"Il principale risultato del pregiudizio, anche quando si tratta di esperienze altamente significative e complesse, è quello di creare emarginazione, frustrazione, ostracismo, alimentando inoltre meccanismi di squalifica conversazionale"

(Nera Luce)

La spirale di silenzio che tale atteggiamento va ad alimentare aumenta la distanza comunicativa, e crea a sua volta, di contrappasso, altro pregiudizio in coloro che sono oggetto del pregiudizio stesso. Questo è messo anche in evidenza dal fatto che molti dei rianimati scelgono poi di mantenere la loro esperienza segreta anche alle persone cui sono maggiormente legate.

«molti scoprono che gli altri non sono in grado di ascoltarli senza pregiudizi e critiche [...] le persone si sentono trasformate mentre coloro che sono intorno sono sempre gli stessi»

(Van Lommel)

Hoffman (1995) identifica cinque fasi che generalmente attraversano coloro che hanno avuto un'esperienza pre-morte, dopo il loro ritorno in vita:

1.   **Shock o sorpresa per ciò che hanno visto, udito e sentito**

2.   **Necessità di accettazione della loro esperienza presso gli altri, frequentemente accompagnata dalla mancanza di tale atteggiamento**

3.   Profondo cambiamento nelle relazioni personali

4.   Ricerca di risposte attive e tentativo di comprensione

5.   Integrazione dell'esperienza nel proprio sistema di credenze

La presenza della sorpresa e della perplessità circa l'esperienza pre-morte è una conseguenza che si presenta in molti dei casi riportati in letteratura.

«Tutto ad un tratto mi sono reso conto di essere morto. Realizzare ciò mi ha colpito in modo strano»
(Van Lommel)

Le trasformazioni che conseguono alle NDE possiedono stabilità nel tempo e riguardano spesso un'aumentata spiritualità, una maggiore accettazione della natura paranormale degli eventi e la riduzione delle credenze strettamente religiose.
Atwater (2003) include, tra le conseguenze:

• la guarigione delle cicatrici emotive.

• l'emergere di un rinnovato contatto spirituale con parenti defunti o spiriti guida.

• la comparsa di percezioni di natura extrasensoriale e capacità precognitive.

Sutherland (1995) rileva inoltre l'emergere di capacità telepatiche ed esperienze OBE successive alla NDE.

Sono state condotte molteplici ricerche sugli effetti duraturi e a lungo termine delle NDE sugli atteggiamenti e la scala di valori posseduta dai sopravvissuti: l'importanza di queste trasformazioni appare in qualche modo correlata alle condizioni in cui la morte è sopravvenuta.

Quando l'evento potenzialmente mortale è stato percepito come imminente e l'esperienza premorte include la revisione panoramica della propria vita, sembra che il potere trasformativo dell'esperienza sia di maggiore entità.

Tra le conseguenze di ordine psicologico di più comune riscontro, Atwater (2008) rileva:

- **Superamento della paura della morte**

- **Trasformazione delle credenze in una direzione più spirituale e meno religiosa**

- **Maggiore generosità e caritatevolezza**

- **Aumento della riflessione filosofica sull'esistenza**

- **Maggiore accettazione del nuovo e del diverso**

- **Lo sviluppo di una sempre maggiore intolleranza verso tempo e orari**

- **Rinnovato interesse per la vita**

- **Formazione di concetti di amore più espansivi**

- **Trovare sempre più difficile mantenere relazioni soddisfacenti**

- **Aumento della capacità psichica e intuitiva**

- **Diminuzione della competitività.**

Nella ricerca sulle principali conseguenze psicologiche delle NDE di Noyes & Kletty (1977) viene segnalata, dopo il ritorno in vita, una notevole riduzione dei comportamenti nevrotici.

Long & Perry (2010) riportano la presenza di importanti cambiamenti nella vita di coloro che hanno vissuto un'esperienza pre-morte, nel 73,1% dei casi.

È indubitabile, quindi, l'importanza che viene assegnata a questo evento da parte dei sopravvissuti, oltre che l'impatto che esso esercita in diversi ambiti della loro vita.

Se da una parte assegnare importanza a qualcosa non implica necessariamente che esso debba esercitare un'influenza trasformativa così radicale e pervasiva, dall'altra tale considerazione non può essere separata dall'evento NDE come viene vissuto nel suo complesso.

L'esperienza pre-morte, da quanto emerge dall'analisi della letteratura, possiede una potenzialità trasformativa intrinseca, parzialmente svincolabile dall'assegnazione di significato che la persona fa a posteriori, una volta tornata in vita.

L'acquisizione di capacità psichiche e precognitive emerge infatti indipendentemente dalla riflessione individuale postuma, come una sorta di effetto psicologico diretto.

Ciò non significa escludere il peso specifico dei significati soggettivi che vengono successivamente associati all'esperienza NDE, poiché se da una parte essi sono un aspetto inscindibile e di massima importanza, è opportuno chiarire che le trasformazioni nella vita delle persone dopo una NDE sono causate primariamente dal fatto di avere fatto l'esperienza stessa, indipendentemente da come è stata successivamente elaborata individualmente.

10.2 Cambiamenti di atteggiamento verso la morte

Tra le conseguenze che con maggiore frequenza conseguono all'esperienza pre-morte, e anche quella che ha ottenuto maggiore interesse da parte della ricerca, è il superamento della paura della morte.

Se la consapevolezza della morte e il timore del suo sopraggiungere hanno attraversato trasversalmente l'esistenza di tutta l'umanità, non sorprende l'attenzione che questo effetto, rispetto ad altri, nella letteratura religiosa, spirituale e psicologica, ha ottenuto.

Lo psichiatra Otto Rank descrive la paura della morte come:

> *«la paura di perdersi nel vuoto o di diventare nulla»*
> *(Rank)*

Avere sperimentato una NDE dona all'individuo la nuova capacità di superare la presenza eventuale di sentimenti che la ricollegano a vissuti di disperazione, terrore e angoscia, in relazione all'evento morte.

Questo superamento, secondo alcuni autori, è strettamente connesso all'acquisizione di nuove credenze sull'esistenza di un aldilà metafisico, dal momento che molti dei sopravvissuti ritengono che lo spazio immateriale dove si trovavano sia una sorta di dopo vita, interpretando la loro esperienza come una conferma indiretta della sua esistenza.

Da uno studio di Sutherland (1990) emerge che il 78% dei pazienti sopravvissuti, prima di avere la NDE dichiarano di avere paura della morte, e successivamente, nel 100% dei casi tale paura non viene più riferita come presente.

Alcuni studi longitudinali che hanno coperto un periodo che va dai 2 agli 8 anni dopo l'esperienza pre-morte, hanno mostrato come non solo questi cambiamenti manifestano una grande stabilità, ma in alcuni casi gli effetti possono anche intensificarsi con il passare del tempo.

Ci sono state anche alcune casistiche peculiari, in cui, la pace e la beatitudine sperimentata nella condizione perimortale erano tali che la persona, una volta tornata in vita, ha affermato di aver preferito restare dove si trovava mentre era deceduta.

Un esempio interessante a tale riguardo ci viene fornito dal resoconto del caso di John (White, 1997), operaio edile di 34 anni che si sparò accidentalmente un chiodo nel cuore mentre era al lavoro, con la pistola sparachiodi.

John, sopravvissuto all'incidente, descrive successivamente la sua esperienza NDE come l'entrata in un reame di onde di luce, durante cui ha incontrato la mano di Dio.

Una volta riemerso alla vita, ritrovatosi dentro una stanza d'ospedale con un corpo sofferente e dominato da un grande malessere fisico, John palesa la sua profonda rabbia per aver dovuto lasciare un tale mondo di beatitudine.

10.3 Cambiamento di atteggiamento verso la vita

In relazione ai cambiamenti principali che investono la dimensione dell'atteggiamento verso la vita dopo un'esperienza pre-morte, le NDE esercitino un impatto profondo e duraturo sui significati esistenziali, configurandosi talora con radicali conversioni di prospettiva.

Ciò a cui si assiste, come conseguenza del ridimensionamento del concetto della morte, è la conseguente e speculare rivalutazione dei significati connessi alla vita, accompagnati dall'individuazione e dal reclutamento interiore di nuovi scopi connessi alla propria esistenza terrena.

In accordo con questa visione sono i risultati di uno studio di Greyson (1986), dove viene valutata la presenza della propensione al suicidio dopo l'esperienza pre-morte, in un campione di persone con ideazione suicidaria: dopo la NDE, i sopravvissuti sono significativamente meno propensi a ripetere nuovamente il gesto.

Al contrario, tra i suicidi che non riportano di avere avuto un'esperienza perimortale, dopo il ritorno in vita è rilevabile un livello di propensione maggiore alla ripetizione del comportamento. In numerosi casi di persone che hanno avuto una NDE è emersa successivamente una maggiore determinazione nel voler vivere la propria vita con pienezza di significato.

Essersi riappropriati di alcuni significati esistenziali latenti, in qualche modo, ha permesso a queste persone di esprimere al pieno le proprie potenzialità realizzative, unitamente alla certezza di avere finalmente chiaro qual è lo scopo della loro vita, a cui la morte ha restituito un senso.

10.4 Cambiamenti spirituali

Il cambiamento dell'attitudine spirituale rientra tra quegli ambiti di trasformazione che più da vicino e intensamente subiscono un ridimensionamento dopo l'esperienza pre-morte.

Dopo l'effetto relativo alla cancellazione della paura della morte, questo è quello maggiormente frequente ed impattante.

Ciò che è qui nostro interesse approfondire, affrontando più nello specifico il tipo di cambiamento spirituale cui vanno incontro i "resuscitati", è la dimensionalità e la portata che assume questa trasformazione delle credenze.

Nella prospettiva di Pennachio (1988), le esperienze pre-morte rappresentano un veicolo estremamente potente di rigenerazione e trasformazione spirituale.

Una delle direzioni in cui vanno questi cambiamenti interessa la sfera del materialismo, con l'emergere di una ridotta preoccupazione per i beni materiali e il loro accumulo.

«coloro che sono tornati dalla morte, tendono a vedere se stessi come parte integrante di un universo benevolo e propositivo, in cui il guadagno personale, soprattutto se a spese di altri, non è più rilevante»
(Greyson)

Ci sono poi tutta una serie di studi che hanno focalizzato la loro attenzione sulle trasformazioni religiose[15], i cui risultati suggeriscono la possibilità che le esperienze pre-morte siano causa primaria di aumento di religiosità.

Altri importanti risultati sono emersi dal celebre e storico studio di Van Lommel et al. (2001), in cui è stata analizzata una casistica di 344 pazienti che hanno avuto arresto cardiaco, registrandone le trasformazioni prevalenti dopo essere tornati in vita: di questi 344 pazienti, il 18% ha segnalato di avere avuto una NDE.

Gli autori hanno seguito negli anni successivi all'evento tutti i casi del campione scelto per lo studio, utilizzando due sessioni distinte di follow-up con interviste mirate, scoprendo che, nei 62 pazienti che avevano riferito di avere avuto un'esperienza pre-morte, l'atteggiamento verso la vita era significativamente cambiato in positivo.

Alshuler (1996) e Ring (1986) sono arrivati a chiedersi se le trasformazioni spirituali dopo le esperienze pre-morte non possano essere considerate la prova di una nuova fase dell'evoluzione umana.

Newsome (1998) mette in luce come l'enorme mole di risultati che suggeriscono come molti sopravvissuti siano diventati più interessati al benessere degli altri, non deve fare dimenticare come, nel parlare di cambiamenti spirituali, ci si stia riferendo primariamente a processi trasformativi di natura evolutiva: l'evoluzione del sé, più che essere inferibile dai comportamenti, rappresenta un'importante meta e una silenziosa conquista interiore.

---

[15] Per approfindimenti vedi: Atwater (1988), Grey (1985), McLaughlin & Malony (1984), Sabom (1982, 1998).

È necessario porre questo chiarimento in calce, poichè la concezione della spiritualità come di *"qualcosa che investe le profondità atmosferiche dell'uomo"*, e *"incarna potenzialità realizzative che non sono attuabili dentro una visione solo materialistica"*, non è da tutti condivisa né tanto meno è da dare per scontata.

L'assunto implicito che la spiritualità sia una forma di arricchimento interiore, nel cui percorso l'uomo va consolidando una visione più ampia e rivelata della realtà, è in un certo qual modo la premessa fondamentale da cui si snoda l'interesse nello studio delle trasformazioni spirituali conseguenti alle esperienze pre-morte.

Se non è certo mancato, all'interno delle indagini sui cambiamenti conseguenti alle NDE, il sistematico e valido apporto del paradigma materialista-riduzionistico, nella cui prospettiva anche la spiritualità è spiegabile facendo riferimento all'attività dei correlati cerebrali, ciò tuttavia non significa che, anche all'interno di tale visione scientifica, il valore di tale trasformazione e la sua entità non sia stato notato. Indipendentemente dal fatto che la ricerca abbia sposato una visione materialista o postmaterialista o anche spirituale e metafisica delle NDE, c'è comunque un univoco accordo trasversale sul fatto che le principali trasformazioni che avvengono dopo l'esperienza pre-morte rendano l'individuo più soddisfatto della sua vita, aumentando la sua attenzione per la dimensione spirituale dell'esistenza e traducendosi poi in strategie esistenziali e comportamenti più funzionali, adattivi e soddisfacenti.

10.5 Cambiamenti fisiologici

Tra i principali cambiamenti fisiologici successivi all'esperienza pre-morte che sono stati indagati da parte degli studiosi, è stato ipotizzato che vi sia un'aumentata suscettibilità fisiologica ai campi magnetici.

Numerosi autori (Atwater, 1994; Bonefant, 2005; Fracass, 2012; Nouri, 2008; Ring, 2000) citando sia fonti aneddotiche che casi oggetto di studio scientifico, rilevano un notevole aumento della comparsa di una serie di problematiche di molti dei sopravvissuti, quando messi a contatto con dispositivi elettromagnetici.

Tra gli esempi riportati sono arresti improvvisi di luci, orologi, telefoni cellulari e computer, il cui effetto è notevolmente amplificato se la persona che ha avuto una NDE è in presenza di un altro sopravvissuto.

Tali fenomeni elettromagnetici sono stati inoltre particolarmente intensi quando la persona è in uno stato di intensa attivazione emotiva.

In linea con questi risultati, Nouri (2008) ha condotto una sistematica indagine sugli effetti elettromagnetici, andando a studiare la loro ampiezza in una popolazione di persone che ha avuto una NDE, confrontandola rispettivamente con l'effetto su un gruppo di persone che ha avuto un contatto ravvicinato con la morte senza NDE, e un altro gruppo di individui che ha fatto esperienza di eventi profondamente spirituali che gli hanno cambiato la vita.

Da questa indagine è emerso che, per quanto riguarda le luci e i telefoni cellulari, l'incidenza di problemi elettromagnetici nel gruppo di coloro che ha avuto una NDE è significativamente maggiore rispetto ai valori ottenuti dall'analisi degli altri due gruppi, i cui punteggi si assestano su livelli molto simili.

Un altro interessante dato emerso da questo studio è la maggiore suscettibilità emotiva dei resuscitati ai campi magnetici, rispetto ai casi con cui sono stati comparati.

Sembra che l'aumentata ricettività e sensibilità di coloro che hanno fatto esperienza pre-morte vada poi a tradursi in una maggiore intensificazione emotiva, quando messi a contatto con dispositivi elettromagnetici.

La scoperta di questi effetti collaterali appare in linea con quanto già Morse & Perry (1992) avevano ipotizzato.

Morse, nell'introduzione al testo di Atwater intitolato *"Oltre la luce: che cosa non è stato detto circa l'esperienza pre-morte"*, si dimostra sostanzialmente d'accordo con l'idea che l'individuo sia circondato da un campo elettromagnetico e che tale campo elettromagnetico, con l'esperienza premorte, venga in qualche modo alterato nel suo funzionamento ordinario.

Morse & Perry (1992) rilevano che più di un quarto di tutti gli adulti che da bambini hanno avuto un'esperienza pre-morte non hanno mai potuto indossare orologi, dato che nel momento in cui lo indossavano pare smettessero di funzionare.

In un caso narrato dagli autori, lo stesso orologio che addosso alla persona che aveva avuto una NDE non aveva mai funzionato, quando fu regalato ad altre persone che non avevano avuto questa esperienza, riprese il suo funzionamento.

Gli autori concludono il loro studio commentando la possibilità che questo fenomeno possa essere il risultato di qualche comunicazione a-specifica ricevuta durante l'esperienza perimortale, che ha in qualche modo sovrascritto delle informazioni energetiche andando ad alterare la forza del campo elettromagnetico che normalmente circonda il corpo.

Sembra che nel caso specifico di coloro che riportano di avere fatto esperienza di fusione con la luce, questi effetti siano di maggiore entità.

Conclusioni

„Ma il pensiero incomincerà solo quando si renderà conto che la ragione glorificata da secoli è la più accanita nemica del pensiero "

(Martin Heidegger)

Lo scopo principale della nostra opera era quello di offrire un quadro complessivo della molteplicità prospettica che ha caratterizzato gli innumerevoli tentativi di comprensione e spiegazione delle esperienze pre-morte.

Crediamo di essere riusciti a mostrare al lettore quanto la poliedricità multidisciplinare sia assolutamente necessaria, quando ci si deve confrontare con temi così intrinsecamente ambigui. Vediamo chiaramente come, nonostante il valore di unicità che ogni singola ipotesi presa isolatamente possiede, essa non va invero restituendoci alcuna comprensione esaustiva di un fenomeno complesso.

Da una parte non possiamo di certo ignorare la straordinaria importanza assunta dalle conoscenze scientifiche.

Il valore di un'impostazione che abbia come obiettivo primario la ricerca delle basi neurobiologiche dei comportamenti, l'analisi delle correlazioni celebrali, lo studio neuroscientifico dei disordini mentali, è infatti indiscutibile.

Come abbiamo avuto modo di porre in evidenza, le ipotesi scientifiche, sia pure con tutti i loro limiti, ci hanno permesso di penetrare nel vivo del funzionamento cerebrale, di conoscere meglio i micro-processi neurali e le macro-funzioni cerebrali dell'universo fenomenologico della mente umana.

Se la conoscenza deve essere alimentata costantemente dal sospetto che le cose possano stare anche diversamente, allora, il reclutamento della visione scientifica potrebbe compensare l'elevata probabilità di una deriva metafisico-spirituale-religiosa, che facilmente viene suscitata da una riflessione non critica sul fenomeno delle esperienze pre-morte.

Tuttavia, la negazione a-aprioristica di qualunque spiegazione che non sostenga le sue fondamenta su argomentazioni di natura empirica, spinge il fanatismo materialista-riduzionistico al di là dei suoi leciti confini, avviando la scienza verso un atteggiamento dogmatico ingiustificato.

La scienza stessa è un prodotto della mente, allo stesso modo in cui lo sono le conoscenze spirituali, religiose e metafisiche.

La riduzione della mente al funzionamento dei suoi costituenti chimico-elettrici è un'operazione che squalifica la psiche e le sue potenzialità, andando indirettamente anche a sminuire il valore della persona che si fa portatore di una data esperienza.

Se quindi appare del tutto insoddisfacente un approccio che vada a rivolgersi immediatamente e solo a interpretazioni metafisiche, egualmente insoddisfacente è la radicalizzazione di posizioni scientifiche.

Quello che quindi abbiamo cercato di fare era mostrare in un certo senso come ogni prospettiva teorica possieda una sua enorme e intrinseca validità, e come al tempo stesso solo attraverso l'integrazione delle diverse prospettive possa emergere una visione equilibrata di un fenomeno complesso e suggestivo come quello delle esperienze pre-morte.

La ricerca di una sintesi armonica di visioni che appaiono sostanzialmente inconciliabili non è un'operazione semplice, poiché soltanto rendendosi conto che le diversità e le incongruenze dei punti di vista che occupano solo la superficie della sostanza che compone la realtà, è possibile superare quella dualità oppositoria che rappresenta il maggior limite di una conoscenza che intenda davvero superarsi.

L'abbandono delle posizioni dogmatiche, della presunzione di una superiorità teorica di una disciplina su un'altra, è possibile solo se la logica formale della mente giudicante lascia il posto a una comprensione più profonda e ampia dei fenomeni.

Le esperienze pre-morte possiedono una loro chiara fenomenologia ed epidemiologia, hanno caratteristiche tipiche riscontrabili in un'ampia porzione di popolazione, e, se per la scienza questo non è sufficiente a qualificarle come fatti reali, resta tuttavia il fatto che le NDE hanno rappresentato una vera e propria intrusione di elementi metafisici nella scienza medica, incarnando importanti elementi di criticità per il tentativo scientifico-medico di interpretazione.

La nostra panoramica sulle principali visioni scientifiche, psicologiche, metafisiche e religiose, che hanno tentato di fare chiarezza sulla natura delle NDE, ha intenzionalmente tralasciato un'ampia porzione di interpretazioni e letture di ordine filosofico, la cui portata in letteratura è enorme.

Molte delle questioni filosofiche principali inerenti alla morte si sovrappongono infatti sia al dibattito in ambito medico, sia a quello in ambito religioso. Le esperienze pre-morte, immaginando di concepirle lungo un *continuum* che nel suo estremo più fisico confina con la scienza medica, e in quello meno materiale confina con le questioni metafisicoreligiose, sono trasversalmente e diffusamente attraversate dalla filosofia.

«Io chiamo filosofia il pensiero sistematico e riflessivo sulla vita. Ogni uomo che non è ancor morto è in vita. Ma non sono molti quelli che pensano riflessivamente sulla vita e sono ancor più pochi quelli il cui pensiero riflessivo acquisti sistematicità.

Tale tipo di pensiero si chiama riflessivo perché prende a suo soggetto la vita. La teoria della vita, la teoria dell'universo e la teoria della conoscenza derivano tutte da questo particolare pensare: la teoria dell'universo perché l'universo è il luogo della vita, il palcoscenico su cui si svolge il dramma della vita; la teoria della conoscenza perché il pensiero è esso stesso conoscenza»

(Fung Yu-Lan)

La medicina è nata dal processo di naturale evoluzione del dibattito filosofico sulla natura della vita e della morte, e si è poi costituita come disciplina a sé stante, progressivamente separandosi dalle sue origini.

Pensiamo ad esempio al fatto che nel XVIII secolo la laurea in medicina si chiamava "Filosofia e Medicina".

Nonostante per circa due secoli la filosofia sia stata allontanata dalla medicina, in epoca attuale essa sta nuovamente assumendo un ruolo molto importante nell'orientare le più difficili decisioni mediche che l'evoluzione della tecnologia scientifica ha fatto emergere.

Per quanto riguarda la religione e la spiritualità, come abbiamo potuto vedere nel capitolo dedicato alla visione metafisica, andando a togliere tutte le sovrastrutture dei dogmi religiosi e delle tradizioni di riferimento, ciò che resta di più profondo e autentico nello sviluppo della loro riflessione sulla natura della vita e della morte è "*Essenza*".

Nella nudità della conoscenza che tende al suo superamento, l'abbandono di velleità dogmatiche si pone come premessa fondamentale per la costituzione della "vera conoscenza", che forse è molto più simile alla natura ineffabile delle esperienze pre-morte e, se ha una forma verbale, va comunque oltre l'appartenenza disciplinare.

L'accettazione profonda e reale della propria finitezza, conseguita attraverso il "vivere la morte", incarna un evento che ha grande potenzialità risolutiva.

Davanti alla vita, noi possiamo fare una scelta, e dobbiamo fare una scelta: chi vogliamo essere, chi vogliamo diventare, cosa vogliamo conoscere.

Se la consapevolezza della nostra morte e la riflessione su di essa potrà restituirci il significato autentico della nostra esistenza, le NDE hanno messo in risalto questa possibilità.

Con la nascita della coscienza è nata anche la consapevolezza della morte, un grande traguardo e un enorme fardello per tutta l'umanità.

Ma l'uomo di conoscenza, colui che ammiri il capolavoro dell'esistenza terrena da una prospettiva più ampia, quell'uomo libero di pensare ed evolversi in ogni direzione, non dovrebbe mai negare il valore della morte.

Le esperienze NDE, in modo sottile, ci stanno dicendo anche questo: sono le voci di coloro che hanno viaggiato nella morte e sono tornati per dirci che essa vive, che in essa è una forma di vita in cui loro erano desti, presenti, coscienti.

"Se un uomo sceglie la vita alla morte, consapevole che in ogni momento lui può scegliere, non è mai soltanto l'istinto di sopravvivenza che lo spinge, ma un richiamo più profondo e antico, probabilmente ineffabile"

(Nera Luce)

Così, nello scegliere cosa credere circa le *near-death experiences* il lettore dovrà applicare la sua capacità critica e la sua libertà di scelta, quale libero pensatore proteso verso l'evoluzione incessante del sé e della conoscenza.

Vi ho dunque mostrato il panorama.

A voi resta scegliere cosa volete vedere, ma soprattutto cosa volete essere e divenire"

(Nera Luce)

Postfazione

"7 minuti di verità"

Era una fantastica giornata d'inverno, gelida e tersa; l'ultima valutazione, l'ultimo compromesso, le ultime parole.

Era il giorno della mia proclamazione come Dottore Magistrale, all'età di 35 anni, e quello in cui avrei discusso la mia opera "Vivere la Morte", davanti ad una commissione di scienziati, medici e psicologi. Avevo preparato un impeccabile presentazione, e una magnifica sequenza di slide, curate una ad una nella grafica, fin nel minimo dettaglio degli accostamenti dei colori.

Avevo amato e detestato così profondamente ogni attimo della fatica che mi aveva portato fino a quel giorno, che il mio volto si era come sospeso in un'espressione immota.

Ero come la muta sfinge che parla dopo secoli di silenzio, e recavo in me la sensazione di essere stata dissanguata: non avevo più sorrisi da donare, forse neanche da abbozzare.

Ciò che stavo portando lì, in quell'aula, quel giorno, era ciò che di più importante mi era appartenuto in tutta la mia vita terrena: un eonica riflessione sulla morte.

Ricordo ancora l'atmosfera di cupo silenzio che si sollevò d'incanto, quando proiettarono la prima slide di presentazione.

Ebbi tutta l'attenzione in un attimo e tutto il vertiginoso silenzio di sottofondo da occupare con la mia voce carismatica, potente, che risuonava in tutta la sala, magnetica, fiera, senza alcuna incertezza ne tentennamento.

Quello fu l'unico giorno in sei anni di università, in cui mi ascoltarono davvero: 7 minuti di verità appesi al muro e la gloria di una conquista assoluta, che ho voluto in modo velenoso, a qualunque costo.

7 minuti di impeccabilità, fluita come acqua, senza emozioni ad interferire, con in mente un unico obbiettivo: presentare la morte con la massima efficienza e serietà, restando esattamente dentro i 7 minuti previsti. Fu ciò che accadde, poiché così volli.

Se nella vita fosse sufficiente essere efficienti, affidabili, ed autentici, per essere apprezzati, io avrei conosciuto un mondo migliore; e se la verità con cui ho sempre operato, il senso di lealtà profonda verso le promesse, e il grande impegno che ho messo nelle mie battaglie, fossero state pesate nel loro autentico valore, forse quel giorno avrei avuto qualche sorriso da donare.

Ma, al modo in cui non è mai l'intrinseco valore di solo una parte di qualcosa, ad emergere nel visibile, ma bensì una complessa amalgama di elementi, così valse per me.

Vale per me come vale per qualunque altra cosa, che sia essa una conoscenza o una fenomenologia, un discorso o una scelta.

L'obiezione a-critica giungerà sempre, e da parti distanti dello stesso orizzonte, e qualunque sia il valore intrinseco e unico di qualcosa: questo perché la luce convive con la tenebra in modo inseparabile. Io sono stata una creatura estremamente fiera, e fiera ad ogni costo, e non ho mai voluto piegarmi all'ignoranza per una questione di principio, o se vogliamo di aristocraticità interiore: questo ha dato molto fastidio.

Ho teso a dire sempre quello che pensavo, ho cercato di restare sempre nella mia Verità e ho declamato la mia parola in modo altisonante: questo ha dato molto fastidio.

Tutto questo ha dato così fastidio da ricoprire, agli occhi di molti che mi videro ed udirono, la profondità dei valori che incarnavo, e che ho teso a preservare ad ogni costo.

Queste stesse qualità, sono però anche quelle che mi condussero a quel punto, quel giorno, all'età di 35 anni, a quei 7 minuti di impeccabilità e questo è stato per me di fondamentale importanza. Ciò che conquistai allora non fu né un titolo, né la stima degli altri, ma fu la consapevolezza che alla fine dei giorni, lealtà, affidabilità, efficienza, e verità ripagano.

La Verità andrebbe gridata e difesa, ferocemente. Non vincerai una battaglia ma alla fine vincerai la guerra: è questo che conta.

La riflessione sulla morte mi ha insegnato ad apprezzare, della vita, solo ciò che ha davvero profondità, poiché nel mezzo ha sfrondato l'inutile, il vano, ha spazzato via la superficialità dialettica del conosciuto, mi ha mostrato la via e la luce.

Vivere la Morte prima di tutto, da dentro, e poi scrivere "Vivere la Morte", ha portato nella mia vita, già allora, grandi metamorfosi.

Fu per questo che decisi, data la profondità con cui questa creazione mi aveva silenziosamente ed abissalmente attraversato, di farne un libro.

Volevo onorare tutto il significato esistenziale, metafisico ed esperienziale che esso incarnava, creando un figlio cartaceo. Questo era per me un inno alla vita, prima di tutto.

Fu anche il mio modo per dire al sistema universitario cosa mi avevano davvero insegnato i quei 6 lunghi anni: a combattere per la libertà di pensiero e la libertà dell'essere.

Nozioni su nozioni, che stridono incessantemente per avere la meglio in una selva abominevole di dati dei quali alla fine, pochi saranno davvero importanti nella nostra vita, e sguardi sinistri al primo tentativo di esporre un'opinione diversa da quella scritta sui testi consigliati.

Un sistema che argomenta come se fosse il dio della conoscenza, e che, guardato fino in fondo, denudato degli orpelli, appare molto simile a un dogma.

La mia scelta di questo argomento, in chiusura di percorso accademico, è stata motivata da una visione chiara di cosa volevo trasmettere e di cosa volevo ricordare a me stessa.

Le esperienze pre-morte sono un tema controverso in ambito scientifico, che hanno aperto diatribe e conflitti, di difficile risoluzione unitaria: la sua ambiguità mi sembrava adatta a trasmettere il mio messaggio.

"La ragione ha spesso il grosso limite di non riuscire a superarsi"

Al modo in cui ebbi la sensazione di avere occupato, in tutta la mia esistenza, un'area incompresa di nicchia, ma di enorme significatività metafisica, così mi presentai con questo argomento, avanti ad una comunità scientifica.

Fu il mio modo per sfidarli ad armi pari, sullo stesso campo: una battaglia che vinsi con il cuore.

Poiché amore fu ciò che mi avvolse, come un serpente annodato, alla morte; fu amore ciò che mi percosse nella volontà di scrivere quell'opera; fu amore ciò che mi condusse a decidere di farmene portavoce luminoso.

Le obiezioni ci saranno comunque, indipendentemente da questo.

C'è chi si solleverà sul fronte materialistico e chi si solleverà sul fronte anti-materialistico, ed entrambi lanceranno dardi infuocati dall'altra parte.

Ma d'altronde è proprio questo il problema principale di ciò che è ambiguo, di difficile sondabilità e decifrabilità: esso apre guadi immondi di arduo attraversamento.

Finché parzializziamo, banalizziamo o sensazionalizziamo, siamo soggetti ai meccanismi distorcenti della proiezione illusoria. Sono disposta ad ammettere il valore di ogni conoscenza in ogni campo, purché essa vada a toccare in apici di splendore la profondità, e non si arresti alla vana superficie.

Ciò che non posso tollerare è l'ignoranza, qualunque sia il livello e il modo in cui si manifesta. Io sono prima di tutto una metafisica: una metafisica che si è estesa in ogni direzione al fine di integrare, nella sua visione, aree del sapere che avessero valore intrinseco.

Guardare l'unità della manifestazione e di ogni fenomeno che ricade al suo interno, chiede un impegno affatto banale da parte di chi è intenzionato davvero a "Vedere".

Alla fine si tratta di questo, esatto! Di imparare a "Vedere".

Aprire non solo gli occhi e la mente, ma anche l'anima, all'Essenza che abita ogni fenomeno.

Qualunque atteggiamento che parzializzi, che si fissi solo una parte, escludendone un'altra, non approderà mai alla conoscenza autentica.

L'idea che ha dominato questo libro che ora hai tra le mani, o viandante, è dentro queste mie parole conclusive.

Pan en to Pan

"*L'uomo è una corda annodata fra l'animale e il Superuomo, una corda tesa sopra un abisso.*

Un pericoloso andar dall'altra parte, un pericoloso metà-cammino, un pericoloso guardarsi indietro, un pericoloso rabbrividire e star fermi.

Ciò che v'è di grande nell'uomo, è che egli è un ponte e non uno scopo:
ciò che si può amare nell'uomo, è che egli è un passaggio e una caduta.

Io amo coloro che non sanno vivere anche se sono coloro che cadono perché essi sono coloro che attraversano.

Io amo i grandi spregiatori, perché sono i grandi adoratori, sono frecce di nostalgia verso l'altra riva.

Io amo coloro che non soltanto dietro le stelle cercano una ragione per sacrificarsi e andare a fondo; ma che si sacrificano per la terra,
affinché essa divenga un giorno proprietà del Superuomo.

Io amo colui che vive per conoscere, e che vuole conoscere perché un giorno il Superuomo possa vivere.
E così vuole la propria distruzione.

Io amo colui che lavora e inventa, in modo da costruire la casa per il Superuomo e preparare per lui la terra, l'animale e la pianta;

perché così facendo vuole la propria distruzione.

Io amo colui che ama la sua virtù:
perché la virtù è volontà di distruzione e freccia della nostalgia.

Io amo colui che non serba in sé una sola goccia del proprio spirito, al contrario, vuol essere interamente lo spirito della propria virtù:

e così passerà come spirito sopra il ponte.

Io amo colui che della propria virtù fa la propria inclinazione e lo stesso destino:
così, per amore della sua virtù, vorrà ancora vivere, e al tempo stesso non più vivere.

Io amo colui che non vuole avere troppe virtù.

Una virtù vale più di due virtù, perché essa è doppiamente un nodo cui si attacca il destino.

Io amo colui che spreca la propria anima, che non vuole ringraziamenti, e che non restituisce nulla: perché egli dona sempre e non vuole conservarsi.

Io amo colui che si vergogna quando il dado cade in modo favorevole a lui, e si chiede: 'Sono forse un baro?' giacché egli vuole andare a fondo.

Io amo colui che getta parole d'oro davanti alle sue azioni e mantiene sempre più di ciò che ha promesso: perché egli vuole la propria distruzione.

Io amo colui che giustifica quelli che verranno e assolve quelli che sono tramontati: poiché egli vuole andare a fondo a causa degli uomini del presente.

Io amo colui che castiga il proprio Dio perché lo ama,
giacché egli perirà per la collera del suo Dio.

Io amo colui la cui anima resta profonda anche nella ferita e può esser distrutto anche da un piccolo avvenimento,
perché così andrà volentieri all'altro capo del ponte.

Io amo colui la cui anima è troppo ricca,
sì che egli dimentica se stesso e tutte le cose che sono in lui: i n tal guisa tutte le cose diverranno la sua distruzione.

Io amo colui che è libero di spirito e di cuore: perché la sua testa sarà soltanto il viscere del suo cuore; il suo cuore tuttavia lo spingerà verso la rovina.

Io amo tutti coloro che sono come gocce pesanti che cadono a una a una dalla nera nube che sovrasta all'uomo:
essi annunciano che sta per venire il fulmine e periscono come annunciatori.

Vedete, io sono un annunciatore del fulmine,
sono una di quelle gocce che cadono dalla nube: quel fulmine si chiama Superuomo".

(F. Nietzsche, Così parlò Zarathustra)

Bibliografia

Agrillo, C. (2011), *Near-death experience: out-of-body and out-of-brain?* «Review of General Psychology» 15, 1-10.

Alschuler, A. S. (1996), *Near-death prophecies of disaster and the new age: Are they true?.*«Journal of Near-Death Studies» 14(3), 159-177.

Anderson, B., & Harvey, T. (1996), *Alterations in cortical thickness and neuronal density in the frontal cortef of Albert Einstein*, «Neuroscienze Letters», 210(3), 161-164.

Athappily, G. K., Greyson B., & Stevenson, I. (2006), *Do prevailing societal models influence reports of near-death experiences?* «The Journal of Nervous and Mental Disease» 194, 218-222.

Atwater, P. M. H. (1988), *Coming back to life*. Dodd, Mead: New York, NY.

Atwater, P. M. H. (1994), *Beyond the light: What isn't being said about the near-death experience*, Birch Lane Press: New York.

Atwater, P. M. H. (2003), *The new children and near-death experiences*, Bear & Company: Rochester, VT.

Atwater, P. M. H. (2008), *Near-death states: The pattern of aftereffects*, Paper presented at the First International Congress on Ecstatic States: Hannover, Germany.

Bardo Thordol, *Il libro tibetano dei morti*. Editore Neri Pozza, 2003.

Beauregard, M., Courtemanche, J., & Paquette, V. (2009), *Brain activity in near-death experiencers during a meditative state*, «Resuscitation» 80, 1006-1010.

Beck, F., Eccles, J. C. (1992), *Quantum aspects of brain activity and the role of consciousness*, «Proceedings of the National Academy of Sciences» 89(23), 11357-11361.

Becker, C. (1984), *The Pure Land revisited: Sino-Japanese meditations and near-death experiences of the next world*, «Anabiosis: The Journal of Near-Death Studies» 4, 51-68.

Becker, C. B. (1981), The centrality of *near-death experiences* in Chinese Pure Land Buddhism", «*Anabiosis: The Journal of Near-Death Studies, 1,* 154–171.

Becker, E. (1973), *The denial of death.* Simon & Schuster: New York, NY.

Blackmore, S. J. (1982), *Beyond the body.* Heinemann: London.

Blackmore, S. J. (1993), *Near-death experiences* in India: They have tunnels too. *Journal of Near-Death Studies, 11,* 205–217.

Blackmore, S. J. (1993a), *Dying to live: Science and the near-death experiences.* Grafton: London.

Blackmore, S. J. (1996), *Near-death experiences. Journal of the Royal Society of Medicine, 89,* 73–76.

Blackmore, S. J., & Troscianko, T. (1988), *The physiology of the tunnel. Journal of Near-Death Studies, 8,* 15–28.

Blanke, O. (2004), *Out-of-Body experiences and their neural basis. British Medical Journal, 329 (7480),* 1414-1415. Blanke, O., & Arzy, S. (2005), *The out-of-body experiences: disturbed self- processing at the temporo- parietal junction. The New England Journal of Medicine, 11(1),* 16-24.

Blanke, O., Landis, T., & Seeck, M. (2000), *Electrical cortical stimulation of the human prefrontal cortex evokes complex visual hallucinations. Epilepsy & Behavior, 1(5),* 356-361.

Blanke, O., Landis, T., Ortigue, & Seeck, M. (2002), *Stimulating illusory own body perceptions. Nature, 419 (6904),* 269-270.

Blanke, O., Landis, T., Spinelli, L., & Seeck, M. (2003), *Out-of-body experiences and autoscopy of neurological origin. Brain, 127 (pt2),* 243-258.

Blanke, O., Mohr, C., Micheal, C. M, Pascual-Leone, A., Brugger, P., Seeck, M., Landis, T., & Thut, G. (2005), Linking out-of-body experience and self processing to mental own –body imagery at the tempoparietal junction. *Journal of Neuroscience, 25(3),* 550-557.

Blanke, O., Perrig, S., Thut, G., & Seek, M. (2000), *Simplex and complex vestibular responses indiced by electrical cortical stumulation oft he parietal cortex in human. Journal of Neurology, Neurosurgery, and Psychiatry, 69(4),* 553- 556.

Bonenfant, R. J. (2004), A comparative study of near-death experience and non-neardeath experience outcomes in 56 survivors of clinical death. *Journal of Near-Death Studies, 22(3),* 155-178.

Braithwaite, J. J. (2008), Towards a cognitive neuroscience of the dying brain. *The [UK] Skeptic, 21,* 8–16.

Britton, W. B., & Bootzin, R. R., 2004. *Near-death experiences* and the temporal lobe. *Psychological Science, 15,* (4), 254–258.

Carr, C. (1993), Death and near-death: A comparison of Tibetan and EuroAmerican experiences. *Journal of Transpersonal Psychology, 25,* 59–110.

Carr, D. B. (1981), Endorphins at the approach of death. *The Lancet, 1,* 390.

Carter, C. (2011), Response to "Could Pam Reynolds Hear?". *Journal of Death Studies, 30 (1),* 29-53.

Castaneda, C. (1998), *Il lato attivo dell'infinito.* BUR: Milano.

Ceruti, M. (2009), *Il vincolo e la possibilità.* Raffaello Cortina Editori: Milano.

Chandradasa, M., Wijesinghe, C., Kuruppuarachchi, K. A. L. A., Perera, M. (2017), *Near-death experiences* in a multi-religious hospital population in Sri Lanka. *Journal of Religion and Health,* 1-17.

Clark, K. (1984), Clinical interventions with neardeath experiencers. In B. Greyson & C. P. Flynn (Eds.), *The near-death experience (pp. 242–255),* Charles C. Thomas: Springfield, IL.

Corazza, O. (2014), *Viaggi ai confini della vita. Esperienze di pre-morte ed extra-corporee in Oriente e Occidente: un'indagine scientifica.* Feltrinelli: Milano.

Corazza, O., & Schifano, F. (2010), Near-death states reported in a sample of 50 misusers. *Substance Use & Misuse, 45(6),* 916-24.

Crick, F. (1994), *The ashtonishing hypothesis. The scientic search for the soul.* Simon and Shuster: New York.

Curran, V., & Morgan, C. (2000), Cognitive, dissociative and psychogenic effects of ketamine in recreational users on the night of drug use and 3 days later. *Addiction, 95,* 575-90.

Dalai Lama (1998), *Ponti Sottili.* Neri Pozzi: Vicenza.

Daly, D. (1975), Ictal clonical manifestations of complex partial seizures. In D. D. Daly (Ed.), *Advances in neurology: Complex partial seizures and their treatment* (Vol. 11, pp. 89–127), Raven: New York.

Damasio, A. (1995), *L'errore di Cartesio. Emozione, ragione e cervello umano.* Adelphi: Milano.

Damasio, A. (2012), *Il sé viene alla mente.* Adelphi: Milano.

De Ridder, D., Van Laere, K., Dupont, P., Menovsky, T., & Van De Heyning, P. (2007), Visualizing out of body experience in the brain. *The New England Journal of Medicine, 358 (8),* 855.

Dell'Olio, A. J. (2010), Do *near-death experiences* provide a rational basis for belief in life after death? *Sophia, 49,* 113–128.

Devinsky, O., Feldman, E., & Burrowes, K. (1989), Autoscopic phenomena with seizures. *Archives of Neurology, 46,* 1080–1088.

Di Mola, G. (1999), La morte nella cultura occidentale: aspetti culturali e storico-antropologici. *Informazione Psicologia Psicoterapia Psichiatria, 36-37,* 1-19.

Epicuro (1970), *Opere*. Einaudi: Torino.

Facco, E. (2012), *Near-death experiences* and hypnosis: two different phenomena with something in common. *Contemporary Hypnosis & Integrative Therapy, 29* (3), 284-297.

Facco, E., & Agrillo, C. (2012), *Near-death experiences* between science and prejudice. *Frontiers in Human Neuroscience, 6,* 1-7.

Facco, E., (2010), *Esperienze di premorte. Scienza e coscienza ai confini tra fisica e metafisica* (pp. 29-31), Edizioni Altravista: Lungavilla.

Facco, E., Munari, M., Gallo, F., Volpin, S. M., Behr, A. U., Baratto, F., & Giron, G. P. (2002), Role of short latency evoked potentials in the diagnosis of brain death. *Clinical Neurophysiology, 113,* 1855- 1866.

Faustman, W. O., Bardgett, M., Faull, K. F., Pfefferbaum, A., & Csernansky, J. G., (1999), Celebrospinal fluid glutamate inversely correlates with positive symptom severity in unmedicated male schizophrenic/schizoaffective patients. *Biological Psychiatry, 45 (1),* 68-75.

Fracasso, C. (2012), *Near-death experiences and electromagnetic after-effects: An exploratory study.* (Doctoral dissertation), Retrieved from ProQuest Dissertations and Theses database (AAT 3509447).

Freitas, D. R., Pereira, A., Bezerra Coutinho, F. A. (2001), N-Methyl-D-Aspartate channel and consciousness: from signal coincidence detection to quantum computing. *Progress in Neurobiology, 64 (6),* 555-573.

Friedrich Nietzsche, *Così parlò Zarathustra*. Adelphi edizioni, Milano, 1998.
Fritjof Capra, *Il tao della fisica*. Edizioni Adelphi, Milano, 1989.

Giovetti, P. (1982), Near-death and deathbed experiences: An Italian survey. *Theta, 1,* 10–13.

Glisky, M. L., Tataryn, D. J., Tobias, B. A., Kihlstrom, J. F., & McConkey, K. M. (1991), Absorption, openness to experience, and hypnotizability. *Journal of Personality & Social Psychology, 60,* 263-272.

Gould, S. J., & Lewontin, R. C. (1979), The spandrels of San Marco and the Panglossian paradigm: a critique of the adaptationist programme. *Proceedings of the Royal Society of London, Series B, 205*, 581-598.

Gouzoulis- Mayfrank, E., Heekeren, K., Neukirch, A., Stoll, M., Stock, C., obradovic, M., & Dovar, K. - A. (2005), Psychological effects of (s)- ketamine and N, N- dimethyltryptamine (DMT): A double- blind, cross- over study in healthy volunteers. *Pharmapsychiatry, 38*, 301-311.

Greyson, B. (1983), The near-death experience scale: construction, reliability, and validity. *Journal of Nervous and Mental Disease, 171*, 369-375.

Greyson, B. (1983a), *Near-death experiences* and personal values. *American Journal of Psychiatry, 140*, 618-620.

Greyson, B. (1983b), The psychodynamics of *near-death experiences*. *Journal of Nervous and Mental Disease, 171*, 376381.

Greyson, B. (1985), A typology of *near-death experiences*. *American Journal of Psychiatry, 142*, 967-969.

Greyson, B. (1985a), The near-death experience scale. *Journal of Nervous and Mental Disease, 171*, 369-375.

Greyson, B. (1990), Near-death encounters with and without *near-death experiences*: comparative NDE Scale profiles. *Journal of Near-Death Studies, 8*, 151-161.

Greyson, B. (1993), Varieties of near-death experience. *Psychiatry, 56*, 390-399.

Greyson, B. (1993b), The physio-kundalini syndrome and mental illness. *Journal of Transpersonal Psychology, 25 (1)*,43-58.

Greyson, B. (1994), *Near-death experiences*. In R. Corsini (Ed.), *The encyclopedia of psychology* (pp. 460-462), Wiley: New York.

Greyson, B. (1994), *Near-death experiencess* and satisfaction with life. *Journal of Near Death Studies, 13*, 103-107.

Greyson, B. (1996), The near-death experience as a transpersonal crisis. In B. Scotton, A. B. Chinen, & J. R. Battista (Eds.), *Textbook of transpersonal psychiatry and psychology* (pp. 302-315), Basic Books: New York.

Greyson, B. (1998), The incidence of *Near-death experiencess*. *Culture, Medicine, and Psychiatry, 1*, 92-99.

Greyson, B. (1998a), Biological aspects of *near-death experiencess*. *Perspectives in Biology and Medicine, 42*, 14-32.

Greyson, B. (2000), *Near-death experiences*. In E. Carden˜ a, S. J. Lynn, & S. C. Krippner (Eds.), *Varieties of anomalous experience: examining the scientific evidence* (pp. 315-352), American Psychological Association: Washington, DC.

Greyson, B. (2000a), Dissociation in people who have near-death experience: out of their body or out of their mind? *Lancet, 355(9202),* 460-463.

Greyson, B. (2003), Incidences and correlates of near --death experiences in a cardiac care unit. *General Hospital Psychiatry, 25,* 269-276.
Greyson, B. (2003a), Incidence and correlates of *near-death experiences* in a cardiac care unit. *General Hospital Psychiatry, 25,* 269-276.

Greyson, B. (2003b), *Near-death experiences* in a psychiatric outpatient clinic population. *Psychiatric Services, 54,* 1649-1651.

Greyson, B. (2005), "False positive" claims of near –death experiences and "false negative" denials of *near-death experiences. Death Studies, 29(2),* 145-155.

Greyson, B. (2006), *Near-death experiences* and spirituality. *Zygon, 41,* 393–414.

Greyson, B. (2007), Consistency of near-death experience accounts over two decades: Are reports embellished over time? *Resuscitation, 73(3),* 407–411.

Greyson, B. (2010a), Hypercapnia and hypokalemia in *near-death experiences* [comment]. *Critical Care, 14 (3),* 420.
Greyson, B. (2010b), Implications of *near-death experiences* for a postmaterialist psychology. *Psychology of Religion and Spirituality, 2,* 37–45.

Greyson, B. (2014), Congruence Between Near-Death and Mystical Experience. *The International Journal for the Psychology of Religion, 24(4),* 298-310.

Greyson, B. (in press), Seeing deceased persons not known to have died: "Peak in Darien" experiences. *Anthropology and Humanism.*

Greyson, B., & Bush, N. E. (1992), Distressing *near-death experiences. Psychiatry, 55,* 95–110.

Greyson, B., & Bush, N. E. (1996), Distressing *near-death experiences.* In L. W. Bailey & J. Yates (Eds.), *The neardeath experience: A reader.* Routledge: New York.

Greyson, B., & Ring K. (2004), The Life Changes Inventory – Revised. *Journal of Near-Death Studies, 23(1),* 4154.

Greyson, B., & Stevenson, I. (1980), The phenomenology of *near-death experiencess. American Journal of Psychiatry, 137,* 1193–1196.

Greyson, B., (1983), The near-death experience scale. Construction, reliability, and validity. *The Journal of Nervous and Mental Disease, 17* (1), 369–375.

Greyson, B., Kelly, E. W., & Kelly, E. F. (2009), Explanatory models for *near-death experiences*. In J. M. Holden, B. Greyson, & D. James (Eds.), *The handbook of near-death experiences (pp. 213– 234)*, Praeger/ABC-CLIO: Santa Barbara, CA.

Greyson, C. B. (1986), *Near-death experiences* and attempted suicide. *Suicide and Life Threatening Behavior, 11(1)*, 1016.

Greyson, C. B. (2008), The mystical impact of *near-death experiences*. *Shift: At the Frontiers of Consciousness, 17*, 813.

Grigg, M. M., Kelly, M. A., Celesia, G. G., Ghobrial, M. W., & Ross, E. R. (1987), Electroencephalographic activity after brain death. *Archives of Neurology, 44*, 948–954.

Groff, E., Halifax, J. (1978), *L'incontro con la morte*. Siad: Milano.
Halaris, A., & Plietz, J. (2007), Agmantine: metabolic pathway and spectrum of activity in brain. *CNS Drugs, 21 (11)*, 885-900.

Halifax, J. (1990), The shaman's initiation. *ReVision, 13(2)*, 53–58.

Hannah, B. (2003), *Vita e Opere di C. G. Jung*. Rusconi: Milano.

Harner, M. (1980), *The Way of the Shaman*. Harper: San Francisco.

Harner, M., & Doore, G. (1987), The ancient wisdom in shamanic cultures. In S. Nicholson (Ed.), *Shamanism: An alternate view of reality* (pp. 3–16), Theosophical Publishing House: Wheaton, IL.

Heim, A. (1982), " Remarks on fatal falls". *Yearbook of the swiss alpin club, 27*, 327-337.
Hill, D. R., & Persinger, M. A. (2003), Application of transcerebral, weak (1 microT) complex magnetic fields and mystical experiences: Are they generated by field- induced dimethyltryptamine release from the pineal organ? *Perceptual and Motor Skills, 97*, 1049–1050.

Hoffman, R. (1995), Disclosure habits after *near-death experiences*: Influences, obstacles, and listener selection. *Journal of Near-Death Studies, 14(1)*, 29-48.
Holden, J. M., & MacHovec, F. (1993), Risk management in hypnotic recall of *near-death experiences*. *American journal of Clinical Hypnosis, 36*, 38-46.

Howarth, G. (2000), Dismantling the boundaries between life and death. *Mortality, 5,* 127–138.

Hustveit, O.; Maurset, A, & Oye, I. (1995), Interaction of the chiral forms of ketamine with opioid, phencyclidine, sigma and muscarinic receptors. *Pharmacology and Toxicology, 77 (6),* 355-59.

Huxley, A. (1954), *The Doors of Perception and Heaven and Hell.* Triad Panther, 1977: St. Albans.

Irwin, H. J. (1981), The psychological function of out of body experiences. So we need the out of body experience? *Journal of Nervous and mental Disease, 169 (4),* 244-248.

Irwin, H. J. (1993), The near- death experience as a dissociative phenomenon: An empirical assessment. *Journal of Near Death Studies, 12,* 95–103.

Irwin, H. J., & Bramwell, B. A. (1988), The devil in heaven: A near-death experience with both positive and negative facets. *Journal of Near Death Studies, 7,* 38–43.

James, W. (1891), *Principles of psychology, vol.1.* MacMillan: London

James, W. (1929), *The variety of religious experience.* Longmans: Green.

Jansen, K. L. R (1989), The *near-death experiences. British Journal of Psichiatry, 154,* 883-884.

Jansen, K. L. R. (1989a), Near-death experience and the NMDA receptor. *British Medical Journal, 298,* 1708–1709.

Jansen, K. L. R. (1990), Neuroscience and the near-death experience: Roles for the NMDA-PCP receptor, the sigma receptor and the endopsychosins. *Medical Hypotheses, 31,* 25-29.

Jansen, K. L. R. (1993), Non-medical uses of ketamine. *British Medical Journal, 298,* 4708-4709.

Jansen, K. L. R. (1996), Using ketamine to induce the near-death experience: Mechanism of action and therapeutic potential. In: C. Ratsch & J. R. Baker (Eds.) *Yearbook for Ethnomedicine and the Study of Consciousness [Jahrbuch furr Ethnomedizin und Bewubtseinsforschung]* Issue 4, 1995; VWB 55-81: Berlin.

Jansen, K. L. R. (1997), The ketamine model of the near -death experience: a central role for the NMDA receptor. *Journal of Near-Death Studies, 16 (I),5-27.*

Jansen, K. L. R. (2000), A Review of the Nonmedical Use of Ketamine: Use, Users and Consequences. *Journal of Psychoacrive Drugs, 32 (4),* 419-433.

Jansen, K.L.R. In press. *Ketamine, Dreams and Realities.* Multidisciplinary Association for Psychedelic Studies: Saratoga, Florida.

Jasper, H. H., & Rasmussen, T. (1958), Studies of the clinical and electrical responses to deep temporal stimulation in man with some considerations of functional anatomy. *Research Publications of the Association for Research in Nervous and Mental Disease, 36,* 316–334.

John, E. R. (2001), A field theory of consciousness. *Consciousness and Cognition, 10(2),* 184-213.

Jung, C. G. (1963), *Ricordi, Sogni, Riflessioni di C. G. Jung.* Biblioteca Universale Rizzoli: Milano, 1992.

Kavanaugh, K., & Rodriguez, O. (1991), *The collected works of St. John of the cross.* ICS Publications: Washington, DC.

Kearls, M. C. (2010), The proliferation of postselves in American civic and popular cultures. *Mortality, 15,* 47–63.

Kellehear, A. (1993), Culture, biology, and the near-death experience: A reappraisal. *Journal of Nervous and Mental Disease, 181,* 148–156.

Kellehear, A. (1996), *Experiences near death: Beyond medicine and religion.* Oxford University Press: New York.

Kellehear, A. (2001), An Hawaiian near-death experience. *Journal of Near-Death Studies, 20,* 31–35.

Kellehear, A. (2009), Census of non-Western *near-death experiences* to 2005: Observations and critical reflections. In J. M. Holden, B. Greyson, & D. James (Eds.), *The handbook of near-death experiences. Thirty years of investigation* (pp. 136–158), Praeger/ABC-CLIO: Santa Barbara, CA.

Kellehear, A., & Irwin, H. (1990), Five minutes after death: A study of beliefs and expectations. *Journal of NearDeath Studies, 9(2),* 77–90.

Kellehear, A., Pogonet, V., Mindruta-Stratan, R., & Gorelco, V. (2011), Deathbed visions from the Republic of Moldova: A content analysis of family observations. *Omega, 64,* 303– 317.

Kelly, E. W. (2001), *Near-death experiences* with reports of meeting deceased people. *Death Studies, 25,* 229-249.

Kelly, E. W., Greyson, B., & Kelly, E. F. (2007), Unusual experiences near death and related phenomena. In E. F. Kelly, E. W. Kelly, A. Crabtree, A. Gauld, M. Grosso, & B. Greyson, *Irreducible mind: Toward a psychology for the 21st century (pp. 367–421),* Rowman & littlefield: New York, NY.

Kelly, E. W., Greyson, B., & Stevenson, I. (2000), Can experiences near death furnish evidence of life after death? *Omega: Journal of Death and Dying, 40,* 39–45.

Kelly, E.F., Kelly, E.W., Crabtree, A., Gauld, A., Grosso, W., & Greyson, B. (2006), *Irreducible mind: Toward a psychology for the 21st century.* Rowman & Littlefield: New York.

Kerr, C. W. Donnelly, J. P., Wright, S. T., Kuszczak, S. M., Banas, A., Grant, P. C., & Luczkiewicz, D. L. (2014), End-of-Life Dreams and Visions: A Longitudinal Study of Hospice Patients Experiences. *Journal of palliative medicine, 17(3),*1-8.

Khun, T. (1962), *The structure of scientific revolutions.* University of Chicago Press: Chicago.

Klemenc-Ketis, K., Kersnik, J., & Grmec, S. (2010), The effect of carbon dioxide on *near-death experiences* in outofhospital cardiac arrest survivors: A prospective observational study. *Critical Care, 14,* R56.

Klemenc-Ketis, Z. (Mar2013), Life changes in patients after out-of-hospital cardiac arrest: The effect of *near-death experiences. International Journal of Behavioral Medicine, 20(1),* 7-12.

Klemenc-Ketis, Z., Kersnik, J., & Grmec, S., (2010), The effect of carbon dioxide on *near-death experiences* in outofhospital cardiac arrest survivors: a prospective observational study. *Crit. Care, 14 (2).*

Knoblauch, H., Schmied, I., & Schnettler, B. (2001), Different kinds of near-death experience: a report on a survey of *near-death experiences* in Germany. *Journal of Near-Death Studies, 20 (1),* 15–29.

Lange, R., Greyson, B., & Houran, J. (2004), A Rasch scaling validation of a 'core'near-death experience. *British Journal of Psychology, 95,* 161–177.

Lange, R., Greyson, B., & Houran, J. (2015), Using computational Linguistics to Undestand *Near-Death Experiences:* Concurren Validity for the *Near-death experiences* Scale. *Psychology of Consciousness: Theory, Research, and Practise, 2(1),*79-89.

Laureys, S. (2005), Science and society: Death, unconsciousness and the brain. *Nature Reviews Neuroscience, 6,* 899–909.

Lempert, T., Bauer, M., Schmidt, D. (1994), Syncope and near-death experience. *The Lancet, 344,* 829–830.

Libet, B. (2004), *Mind time: The temporal factor in consciousness.* Harvard University Press: Cambridge, MA.

Libet, B. (2006), Reflections on the interactions of the mind and brain. *Progress in Neurobiology, 78 (3-5),* 322-326.

Long, J., & Perry, P. (2010), *Evidence of the afterlife: The science of near-death experiences.* HarperCollins: New York, NY.

Martial, C., Cassol, H., Antonopoulos, G., Charlier, T., Heros, J., Donneau, A.F., Charland-Verville, V., Laureys, S. (2017a) Temporality of Features in Near-Death Experience Narratives. *Frontiers in Human Neuroscience, 11,* 311.

Martial, C., Charland-Verville, V., Cassol. H., Didone, V., Van Der Linden, M., Laureys, S. (2017), Intensity and memory characteristics of *near-death experiences. Consciousness and Cognition, 56,* 120-127.

Martial, C., Charland-Verville, V., Dehon, H., & Laureys, S. (2016), False memory susceptibility in coma survivors with and without a near-death experience. *Psychological Research, DOI 10. 1007/s00426-017-0855-9.*

Mason, A. A (1955), Surgery under hypnosis. *Anaesthesia, 10(3),* 295-299.

Mays, G. R., & Mays, S. B. (2008), The Phenomenology of the Self-Conscious Mind. *Journal of Near-Death Studies, 27(1),* 5-43.

McLaughlin, S. A., & Malony, H. N. (1984), *Near-death experiences* and religion: A further investigation. *Journal of Religion and Health, 23(2),* 149-59.

Meduna, L. (1950), *Carbon dioxide therapy; a neurophysiological treatment of nervous disorders.* Thomas: Springfield, IL. Monteiro, A. R., & De Oliveira, D. S. (1958), Tonsillectomy under hypnosis. *Medicina, Cirurgia, Farmacia, 26* (267), 315-320.

Moody, R. (1993), Family Reunions: Visionary Encounters with the Departed in a Modern-Day Psychomanteum. *Journal of Near-Death Studies, 11(2),* 83-121.

Moody, R. A. (1975), *Life after life.* Mockingbird Books: Texas, GA.

Moody, R. A. (1977), *La Vita oltre la Vita.* Arnoldo Mondadori Editore: Milano.

Moody, R. A. (1977), *Reflections on life after life.* Mockingbrid Books: St. Simon's Island, GA.

Moody, R. A. (1978), *Nuove ipotesi su la vita oltre la vita.* Arnoldo Mondadori Editore: Milano.

Moody, R. A., & Perry, P. (1988), *The light beyond.* Bantam Books: New York, NY.

Moody, R. A., & Perry, P. (1988), *The light beyond.* Bantam Books: New York.

Moody, R., with Perry, P. (1993), *Reunions: Visionary Encounters with Departed Loved Ones.* Villard Books: New York.

Morse, M., & Perry, P. (1992), *Transformed by the light.* Piatkus: New York.

Murphy, T. (2001), *Near-death experiences* in Thailand. *Journal of Near-Death Studies, 19,* 161–178.

Nelson, K. R., Mattingly, M., Lee, S. A., & Schmitt, F. A. (2006), Does the arousal system contribute to neardeath experience? *Neurology, 66,* 1003–1009.

Nouri, F. M. (2008), *Electromagnetic effects of near-death experiences* (Doctoral dissertation), Retrieved from ProQuest Dissertations and Theses database. (AAT 3352121).

Noyes, R., & Kletti, R. (1977), Panoramic memory: A response to the threat of death. *Omega, 8*, 181–194. Noyes, R., Kletti, R. (1976), Depersonalization in the face of life threatening danger: A description. *Psychiatry, 39*, 19-30.

Owens, J., Cook, E., & Stevenson, I., (1990), Features of the "near- death experience" in relation to whether patients were near death. *Lancet, 336*, 1175-1177.

Panikkar, R. (2001), *I Veda- Mantramanjari*. BUR Rizzoli: Milano.

Parnia, S. (2014), Death and consciousness--an overview of the mental and cognitive experience of death. *Annals of the New York Academy of Sciences, 1330*, 75-93.

Parnia, S., & Fenwick, P. (2002), *Near-death experiences* in cardiac arrest: visions of a dying brain or visions of a new science of consciousness. *Resuscitation, 52*, 5-11.

Parnia, S., & Fenwick, P., (2002), *Near-death experiencess* in cardiac arrest: visions of a dying brain or visions of a new science of consciousness. *Resuscitation, 52*, 5–11.

Parnia, S., & Young, J. (2013), *Erasing death: The science that is rewriting the boundaries between life and death*. Harper One: New York, NY.

Parnia, S., Spearpoint, K., & Fenwick, P.B. (2007), *Near-death experiencess*, cognitive function and psychological outcomes of surviving cardiac arrest. *Resuscitation, 74*(2), 215-221.

Parnia, S., Waller, D. G., Yeates, R., & Fenwick, P. (2001), A qualitative and quantitative study of the incidence, features and aetiology of *near-death experiencess* in cardiac arrest survivors. *Resuscitation, 48*, 149– 1156.

Parnia, S., Waller, D. G., Yeates, R., & Fenwick, P. (2001), A qualitative and quantitative study of the incidence, features and aetiology of *near-death experiencess* in cardiac arrest survivors. *Resuscitation, 48*, 149-156.

Pasricha, S. (1993), A systematic survey of *near-death experiences* in South India. *Journal of Scientific Exploration, 7*, 161–171.

Pasricha, S. (1995), *Near-death experiences* in South India: A systemic survey. *Journal of Scientific Exploration, 9*, 79–88.

Pasricha, S., & Stevenson, I. (1986), *Near-death experiences* in India: A preliminary report. *Journal of Nervous and Mental Disease, 174,* 165–170.

Paulson, D. (1999), Near-death experience: An integration of cultural, spiritual, and physical perspectives. *Journal of Near-Death Studies, 18,* 13–25.

Peers, E. A. (1943), Spirit of flame: *A study of St. John of the Cross.* Student Christian Movement Press: London.

Penfield, W. (1955), The role of the temporal cortex in certain psychical phenomena. *Journal of Mental Science, 101,* 451–465.

Pennachio, J. (1986), Near-death experience as mystical experience. *Journal of Religion and Health, 25(1),* 64-72.

Pennachio, J. (1988), *Near-death experiences* and self-transformation. *Journal of Near-Death Research, 6(3),* 162-168.

Persinger, M. A. (1983), Religious and mystical experiences as artifacts of temporal lobe function. *Perceptual and Motor Skills, 57,* 1255–1262.

Persinger, M. A. (1984), People who report religious experiences may also display enhanced temporal-lobe signs. *Perceptual and Motor Skills, 58(3),* 963- 975.

Persinger, M. A. (1993), Paranormal and religious beliefs may be mediated differentially by subcortical and cortical phenomenological processes oft he temporal (limbic) lobes. *Perceptual and Motor Skills, 76 (1),* 247-251.

Persinger, M. A., & Koren, S. A. (2005), A response to Grandqvist et al., "Sensed presence and mystical experiences are predicted by suggestibility, not by the application of complex magnetic fields". *Neuroscience Letters, 380,* 346–347.

Popper, K. R., and Eccles, J. C. (1977), *The self and its brain: An argument for interactionism.* Routledge: London.

Potts, M. (2012), Does N, N- Dimethyltryptamine (DMT) Adequately Explain Near- Death Experiences? *Journal of Near-Death Studies, 31(1),* 4.

Raimon Panikkar, *Il silenzio di Buddha. Un ateismo religioso,* Milano 2006.

Randrol Nelgyor, *Guida al libro tibetano dei morti.* Edizioni Promolibri Magnanelli, 2018.

Reghini, A., (1920), *Il senso di Realtà.* Conferenza. Società Teosofica: Roma.

Rimpoce, C.G. (1977), *Il libro tibetano dei morti.* Astrolabio: Roma.

Ring, K. (1980), *Life at death: A scientific investigation of the near-death experience*. Coward, McCann and Geoghegan: New York.

Ring, K. (1984), *Heading toward omega: In search of the meaning of the near-death experience*. William Morrow: New York, NY.

Ring, K. (1986), *Near-death experiences*: Implications for human evolution and planetary transformation. *ReVision, 8(2)*, 75-85.

Ring, K. (1989), Near-death and UFO encounters as shamanic initiations: Some conceptual and evolutionary implications. *ReVision, 11(3)*, 14–22.

Ring, K. (1990), Shamanic initiation, imaginal worlds, and light after death. In G. Doore (Ed.), *What survives? Contemporary explorations of life after death* (pp. 204–215), Tarcher: Los Angeles, CA.

Ring, K. (1992), *The omega project: near-death experiences, UFO encounters, and mind at large*. Morrow: New York.

Ring, K. (2000), *Lessons from the light*. Moment Point Press Needham: MA.

Ring, K., & Cooper, S. (1997), Near-death and outof-body experiences in the blind: A study of apparent eyeless vision. *Journal of Near-Death Studies, 16*, 101–147.

Ring, K., & Cooper, S. (1999), *Mindsight: Neardeath and out-of-body experiences in the blind*. William James Center/Institute of Transpersonal Psychology: Palo Alto, CA.

Ring, K., & Evelyn, E. V. (2000), *Lessons from the Light: What We Can Learn from the Near-Death Experience*. Moment Point Press, 2000: Needham, MA.

Ring, K., & Lawrence, M. (1993), Further evidence for veridical perception during *near-death experiences. Journal of Near-Death Studies, 11*, 223–229.

Ring, K., & Rosing, C. J. (1990), The Omega Project: uno studio empirico sulla NDE personalità incline. *Journal of Near-Death Studies, 8*, 211-239.

Ring, K., & Valarino, E. E. (1998), *Lessons from the light: What we can learn from the near-death experience*. Plenum/Insight: New York.

Ring, K., & Valarino, E. E. (2000), *Lessons from the Light: What we can learn from the near-death experience*. Moment Point Press: Needham, MA.

Rinpoche, S. (1990), *Tibetan Book of Living & Dying*. HarperCollins: San Francisco.

Rodriguez, M. A. (2006), A methodology for studying various interpretations of the N. N- dimethyltryptamine-induced alternate reality. *Journal of Scientific Exploration, 21*, 67–84.

Sabom, M. B. (1982), *Recollections of death: A medical investigation*. Harper and Row: New York.

Sabom, M. B. (1998), *Light and Death: One Doctor's Fascinating Account of Near-Death Experiences*. Zondervan: Grand Rapids, Ml.

Sagan, C. (1979), *Broca's brain: Reflections on the romance of science*. Random House: New York, NY.

Schenk, P. W. (1999), The benefits of working with a 'dead'patient: hypnotically facilitated pseudo *near-death experiences*. *American Journal of Clinical Hypnosis, 42*, 36-49.

Sholem, G. (1990), *Le grandi correnti della mistica ebraica*. Il Melangolo: Genova.

Siegel, R. L. (1980), The psychology of life after death. *American Psychologist, 35*, 911-35.

Simpson, J. (1988), *Touching the void*. Cape: London.

Strassman, R. (2001), DMT: *The spirit molecule*. Park Street Press: Rochester, VT.

Strayer, R. J., & Nelson, L. S. (2008), Adverse events associated with ketamine for procedural sedation in adults. *American Journal of Emergency Medicine, 26 (9)*, 985-11028.

Sutherland, C. (1989), Psychic phenomena following *near-death experiences*: An Australian study. *Journal of NearDeath Studies, 8*, 93–102.

Sutherland, C. (1990), Changes in religious beliefs, attitudes, and practices following neardeath experiences: An Australian study. *Journal of Near-Death Studies, 9*, 21–31.

Sutherland, C. (1995), *Children of the light: The near-death experiences of children*. Bantam Books: Sydney, Australia. Szara, S. (1956), Dimethyltraptamin [sic]: Its metabolism in man; the relation of its psychotic effect to the serotonin metabolism. *Experientia, XII*, 441–442.

Tassell-Matamua, N. (2013), Phenomenology of *Near-Death Experiences*: An Analysis of a Maori Case Study. *Journal of Near-Death Studies, 32(2)*, 107-117.

Tassell-Matamua, N. (2013-2014), A. *Near-death experiences* and the psychology of death. *Omega, 68(3)*, 25977.

Tassell-Matamua, N. A., & Lindsay, N. (2016), "I'm not afraid to die": the loss of the fear of death after a neardeath experience. *Mortality, 21(1)*, 71–87.

Tassell-Matamua, N. A., & Murray, M. (2014), *Near-death experiences*: Quantitative findings from an Aotearoa New Zealand sample. *Journal of Near-Death Studies, 33*, 2-29.

Tellegen, A., & Atkinson, G. (1974), Openness to absorbing and self- altering experiences ("absorption"), a trait related to hypnotic susceptibility. *Journal of Abnormal Psychology, 83*, 268–277.

Timothy Leary, *The Harvard Years: Early Writings on LSD and Psilocybin*, with Richard Alpert, Huston Smith, Ralph Metzner, and others. Simon and Schuster, 2014.

Vaccarin (2011), *Approccio Medico alla Fenomenologia delle Esperienze Premorte*. Davide Vaccarin Editore.

Van Lommel, P. (2004), About the continuity of our consciousness. *Advances in Experimental Medicine and Biology, 550*, 115-132.

Van Lommel, P. (2010), *Consciousness beyond life: The science of the near-death experience.* Harper Collins: New York, NY.

Van Lommel, P. (2011), *Near-death experiences*: the experience of the self as real and not as an illusion. *Annals of the New York Academy of Sciences*, 1234 (2011), 19–28.

Van Lommel, P., van Wees, R., Meyers, V., & Elfferich, I. (2001), Near-death experience in survivors of cardiac arrest: A prospective study in the Netherlands. *The Lancet, 358(9298)*, 2039-2045.

Van Lommel, P., Van Wees, R., Meyers, V., & Elfferich, I. (2001), Near-death experience in survivors of cardiac arrest: a prospective study in the Netherlands. *Lancet, 358*, 2039–2045.

Ventegods, S., Hermansen, T. D., Flensborg-Madsen, T., Nielsen, M. L., & Merrick, J. (2006), Human development VIII: a theory of "deep"quantum chemistry and cell consciusness: quantum chemistry controls genes and biochemistry to give cells and higher organisms consciusness and complex behavior. *Scientific WorldJournal, 6*, 1441- 1453.

Wher, G. (1987), *Jung*. Rizzoli: Milano.

White, P. R. (1997), The anatomy of a transformation: An analysis of the psychological structure of four *neardeath experiences*. *Journal of Near-Death Studies, 15(3), 163-185.*

Wilde, D. J., & Murray, C. D. (2009), The evolving self: finding meaning in *near-death experiences* using Interpretative Phenomenological Analysis. Mental Health. *Religion & Culture, 12(3)*, 223-239.

Wilson, S. C., & Barber. T. X. (1983), *The fantasy- prone personality: Implications for understanding imagery, hypnosis, and parapsychological phenomena.* In A. A. Sheikh (Ed.), Imagery: Current theory, research and application (pp. 340- 390), Wiley: New York, NY.

Winkelstein, L. B., & Levinson, J. (1959), Fulminating pre-eclampsia with cesarean performed under hypnosis: a case report. *American Journal of Obstetrics & Gynecology, 78 (2)*, 420-423.

Woerlee, G. M. (2004), Cardiac arrest and *near-death experiences. Journal of Near-Death Studies, 22*, 235–249.

Woerlee, G. M. (2011), Could Pam Reynolds Hear? A New Investigation into the Possibility of Hearing During this Famous Near- Death Experience. *Journal of Near-Death Studies, 30(1)*, 3-25.

Sitografia

Attraversando   il Bardo, docu-film di Franco Battiato.
https://www.youtube.com/watch?v=8JMkyRUP4WY&t=15s

Blog ufficiale di Nera Luce

lilithbabalon.altervista.org

La consulenza psicospirituale

dottoressasacco.altervista.org

Canale you tube di Nera Luce.
Video Produzioni di Nera Luce

Sito fotografico di Nera Luce

https://neralucephotos8.wixsite.com/ilmiosito

La Scienza Vedica

https://www.vedica.it/la-scienza-vedica-maharishi/

Rito Simbolico italiano
http://www.ritosimbolico.it/rsi/2012/08/lalbero-della-vita/

Book Store

"Prostituzione Sacra"

Autore: *Nera Luce*

Edizioni Black Diamond, Febbraio 2020.

Acquistabile su Amazon in formato e-book e cartaceo.

"Uomini che odiano le Donne. Le origini del Sessismo"

Autore: Nera Luce

Edizioni Black Diamond, Febbraio 2020.

Acquistabile su Amazon in formato e-book e cartaceo

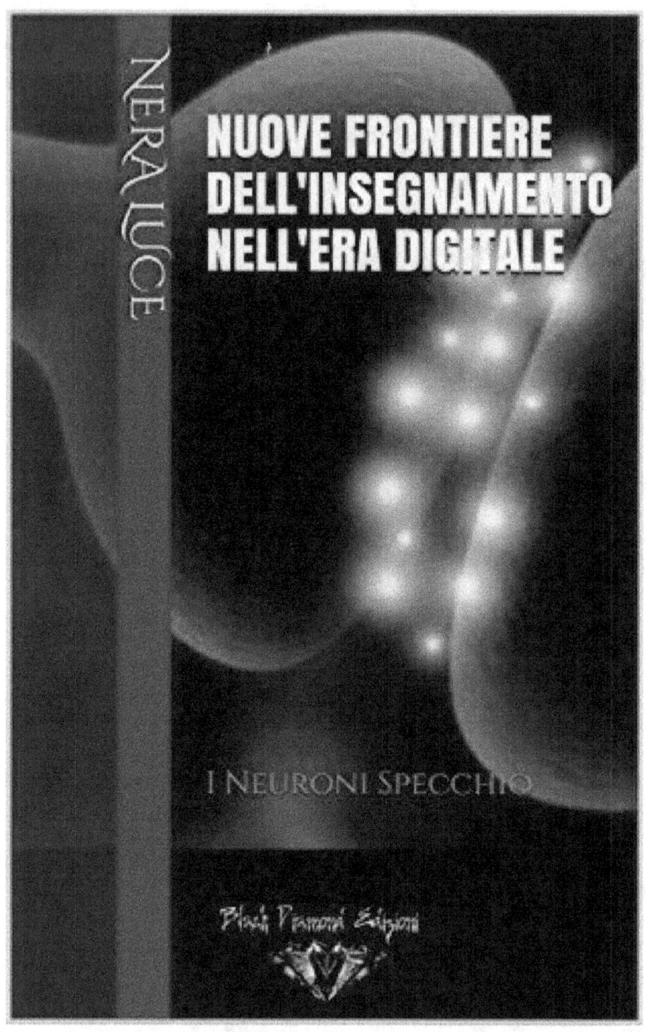

"Nuove Frontiere dell'insegnamento nell'era digitale"

Autore: Nera Luce

Edizioni Black Diamond, Febbraio 2020

Disponibile su Amazon solo in formato e-book nella versione sia italiana che inglese.

"Il Coronavirus e la Nuova Era. I giorni del Lockdown"

Autore: *Nera Luce*

Edizioni Black Diamond, Maggio 2020.

Acquistabile su Amazon in formato e-book e cartaceo.

"*Magia Sessuale.*

***Una panoramica sulle origini metafisiche della Sex Magick*"**

Autore: Nera Luce

Edizioni Black Diamond, Marzo 2021

Acquistabile su Amazon in formato e-book e cartaceo.

"I chakra Oscuri e la Magia Sessuale"
Edizioni Black Diamond, Giugno 2021

Autore: Samael King

Acquistabile su Amazon in formato e-book che cartaceo.

"I fiori del Male"
Edizioni Black Diamond, Marzo 2020

Autore: Nera Luce

Acquistabile su Amazon in formato e-book e cartaceo.

"Puttanieri si nasce o si diventa?

Racconti erotici di una Escort"

Autore: Lilith

Edizioni Black Diamond, Aprile 2021

Acquistabile su Amazon in formato e-book e cartaceo

"Lovecraft. The Secret Cult"

Autore: *Angelo Cerchi.*

Edizioni Black Diamond, Aprile 2021

Acquistabile su Amazon in formato e-book e cartaceo,

solo in versione inglese

"Troie si nasce"

Autore: *Lilith*

Edizioni Black Diamond, Aprile 2021

Acquistabile su Amazon in formato e-book e cartaceo.

**"Magia Voodoo.
Il Culto Segreto del Serpente Nero"**

Autore: *Nera Luce*

Edizioni Black Diamond, Giugno 2021

Acquistabile su Amazon in formato e-book e cartaceo.